DIE STADT KOCHT Berlin

DER SOMMER

CATHRIN BRANDES
FLORIAN BOLK

DANKE BERLIN

Wir bedanken uns bei den Berliner Köchen, Sommeliers und Restaurantmachern, die für uns auf Dächer geklettert und ins Wasser abgetaucht sind. Bei allen Foodies, Kulinaristen und Produzenten, die sich leidenschaftlich für das Beste auf dem Teller engagieren.

IMPRESSUM

Die Stadt kocht. Berlin - Der Sommer
von Florian Bolk und Cathrin Brandes

Club der Visionäre und Freischwimmer am Flutgraben.

Konzeption:
Florian Bolk, Le Schicken Verlag
Michael Frühbis, Vimonda

Fotografie: Florian Bolk
Assistenz: André Wagenzik
Redaktion: Cathrin Brandes (www.tidbits.de)
Florian Bolk, Astrid Kaspar
Lektorat: Mareike Frühbis

Art Direktion: Michael Frühbis
Grafische Mitarbeit: Marina Šuran-Pulig, Vina Ćurčija
Bildbearbeitung: Andre Wagenzik

Produktion: Thomas Standhaft
Titelfoto: Florian Bolk
Titelgestaltung: Marina Šuran-Pulig
Druck und Bindung: Druckhaus Köthen GmbH
Vertrieb Buchhandel: Umschau Verlag

INHALT

BERLINER LUFT - HIMMEL/BLAU/LUFT/STADT

KULINARISCHE STATEMENTS

HINAUS INS FREIE

GLAUBE // LIEBE // HOFFNUNG

Es hat eine Weile gedauert, bis das geeinte Berlin wieder zu gemeinsamen Jahreszeiten zurück gefunden hat. Das lag nicht allein daran, dass der eine Teil Zugang zum Umland hatte, der dem andern Teil durch die Mauer verbaut war. Womöglich hatte es noch mehr damit zu tun, dass in einer Metropole die Jahreszeiten gleichsam verschluckt werden. Ohnehin scheinen sie ohne eruptive Tendenz zum Ausbruch zu kommen und verlaufen sich mit den Monaten, zumal im kontinentalen Klima. Die Großwetterlagen bestimmen zwar den Lebensrhythmus und überhaupt die Emotionen auf den Straßen mit, aber sie treten keine Herrschaft an, wie sie es auf dem Land tun.

Das ist auch in der Küche zu spüren. Im Grunde gibt es nur eine Saison, oder besser wohl Kampagne, die im Frühjahr ausgiebig begangen wird. Die Spargelzeit beginnt hier etwas unscharf und punktuell, manchmal schon im frühen April, endet aber abrupt mit einem festen Datum, dem Johannistag - darin einem Wahlkampf sehr ähnlich, der am Wahlsonntag vollständig zum Erliegen kommt. Mit dem letzten Spargelstich am 24. Juni ragt die Saison gerade so in den Sommer hinein, der in Berlin traditionell ohne jede, auch keine kulinarische Förmlichkeit empfangen wird. Allerdings verlagert sich das Speisen jetzt ins Freie, ohne dass ein unausgesprochenes Grillgebot die Tafel bestimmen würde. Trottoire, Terrassen und Gärten sind nun die Spielorte. Beide stehen nicht für allzu innige Naturnähe, und kaum jemand käme auf die Idee, ein Kräutlein zu Füßen eines Straßenbaums zu jäten, um damit den Teller zu begrünen.

Allerdings bietet die wärmste Jahreszeit nun schon seit längerem die Gelegenheit, sich mit den Gaben der Natur näher zu befassen, als das sonst der Fall ist. Im Frühling dreht sich alles um die Blüte und im Herbst um die Marmelade. Die heiße Phase dazwischen könnte für kulinarische Experimente kaum besser geeignet sein. Weil in der Hitze der Appetit gezügelter ist, kommt es beim Kochen mehr als sonst auf Pointen und Volten an. Leicht sollen die Gerichte sein (es ergibt sich auch die Gelegenheit, das schöne Wort „bekömmlich" einmal wieder anzubringen) und doch auch die Vielfalt der Zutaten spiegeln. Da wirkt sich jenes gewaltige Reservoir an Ideen, das die Hauptstadt vornehmlich Zugewanderten verdankt, naturgemäß auf's Erfreulichste aus.

Wenn die Jahreszeit an sich schon schön ist, sollte man in dem Bemühen, sie an möglichst schönen Orten mit möglichst interessanten Menschen zu verbringen, erst recht nicht nachlassen. Dieses Buch und seine Rezepte sind ein Wegweiser dorthin. Über den Sommer hinaus.

Thomas Platt, Journalist

SOMMERLICHER GRUß IN DIE KÜCHE

Dieses Buch ist der zweite Band zum ersten Band von "Die Stadt kocht. Berlin" - unsere Sommer-Ausgabe. Genau wie der erste Band ist es nicht nur ein Kochbuch. Es ist ein Genussführer zu den aufregendsten Köchen der Stadt, eine Liebeserklärung an den Berliner Sommer und eine Hommage an die kulinarische Wandlungsfähigkeit unserer Stadt. Es ist ein nicht vollständiges Porträt des sommerlichen Berlins und seiner brodelnden Foodszene.

Wer hätte vor einigen Jahren noch gedacht, dass Berlin aufsteigen könnte, in den Rang einer gastronomisch durch und durch interessanten Stadt? Eine Stadt mit vielschichtigen kulinarischen Parallelwelten, die erforscht, erlebt und genossen werden will. Quasi ein städtisches mille feuille des Genusses. Fängt man oben an bei den feinen Sternen? Oder unten auf der trendigen Straße? Eigentlich egal. Der Weg ist das Ziel. Das Ziel heißt Gaumenfreude.

Im Sommer wird Berlin durchlässiger und spielerischer. Anwohner und Stadtbesucher werden durch die ersten Sonnenstrahlen vereint und magisch nach draußen ins Freie gezogen. In die Parks und Gärten, ans Wasser und zu den legendären Grillfeuern. Was lag da näher als in unserer jahreszeitliche Momentaufnahme die vier sommerlichen Grundstimmungen der Stadt aufzufangen? So sind unsere fünf Kapitel entstanden: Stadtgarten, Am Wasser gebaut, Feuer & Flamme, Berliner Luft und Kulinarische Rundgänge.

Eine kulinarisch sehr angenehme Nebenwirkung des Sommers in Berlin: Die warme Jahreszeit verwebt die Stadt auf das Schönste mit seinem Umland. Brandenburgs Wiesen, Felder, Seen und Wälder werden zu den Hauptlieferanten der wachen und kreativen Köche der Hauptstadt. Die Wiederentdeckung von Wildkräutern und seltenen Gemüsesorten sorgt für grüne Abwechslung auf den Tellern. Fisch und Fleisch geben in vielen Küchen ihre gewohnten Hauptrollen ab, dürfen aber mitspielen solange sie aus der Region kommen. Regionale Märkte boomen, sehr zur nachhaltigen Freude der Berliner Genießer.

Für dieses Buch sind wir mit den Köchen, Bartendern und Eisproduzenten der Hauptstadt auf die Dächer gestiegen, um die Häuser gezogen, über Baustellen gestolpert, sind durch Gärten gestreift und übers Wasser gefahren. Und natürlich waren wir in ihren Küchen zu Gast. Wir haben fotografiert, probiert, diskutiert, gelacht und zugehört. Dafür danken wir und senden einen sommerlichen Gruß in die Berliner Küchen!

Der Fotograf Florian Bolk hat den kulinarischen Sommer Berlins mit seiner Kamera eingefangen. Der Kenner der Szene hat Newcomer, Sterneköche, Street-Food-Anbieter, Aussteiger, Einsteiger und Abenteuerer inszeniert und porträtiert.

Cathrin Brandes ist selbst Teil der Foodszene der Hauptstadt. Sie schreibt nicht nur darüber, sie gestaltet sie mit. Sie hat den Beruf als Rechtsanwältin an den Nagel gehängt und ist jetzt Gastronomieberaterin, Food-Bloggerin, Slow Foodie, Gründerin des Speisenklubs Neukölln und des foodXchange Berlin, Genuss-Botschafterin und Krautbraut.

Cathrin Brandes, Florian Bolk

MAXIM MEHMET

SCHAUSPIELER // SOMMERLUST // SELBSTBACKEND

Aufs Kochen muss man richtig Lust haben, sonst wird das nichts. Bei uns zu Hause habe ich die meiste Lust aufs Kochen. Natürlich gelingt mir Manches besser als Anderes. Risotto zum Beispiel kann ich ziemlich gut. Im Sommer gerne mit Garnelen oder mit Fenchel und Zitronen. Was ich im Sommer sonst noch gerne esse? Eis natürlich. Eigentlich alle Sorten. Fruchtsorbets und Nusseis, am liebsten Pistazie. Nur Schokoladeneis mochte ich noch nie. Kochen mit Familie oder Freunden macht schon am meisten Spaß. Neulich habe ich zum ersten Mal zusammen mit meiner Oma gebacken. Einen Frankfurter Kranz zu ihrem neunzigsten Geburtstag. Wie man eine ordentliche Buttercreme macht, weiß ich jetzt also auch. Man braucht auch dazu gute Zutaten. Und Lust aufs Kochen.

Maxim Mehmet probiert Eis von Vanille & Marille.

STADT GARTEN

ERDE
GARTEN
GRÜN
QUERBEET

VON GÄRTEN, FREIHEIT & GEMÜSE

Grüner geht' s nicht! Lustgarten, Tiergarten, Botanischer Garten, Dachgarten, Biergarten, Prinzessinnengarten, Schrebergarten, Kleingarten, Kunstgarten. Der Sommer treibt Berlin zur kulinarischen Blüte. Überall wird gepflanzt, geerntet, gepicknickt, gegrillt, getrunken und genossen. Die Berliner werden zu Freiluftpiraten, zu Picknickern, Sonnenanbetern und Schattenschläfern. Stadtbienen summen in der Luft, fliegen durch die Gärten und wohnen neuerdings auf dem Dach. Seltene Tomaten sind die neuen Balkonpflanzen. Löwenzahn ist das neue Rucola. Wer seine Wiese liebt, der isst sie. Die Stadt lässt sich von träumenden Gärtnern erobern und kämpft in Gummistiefeln für Freiräume und Grünflächen. Mit Samenbomben, Spaten und Gießkannen. Grüner Daumen forever!

Prinzessinnengarten am Moritzplatz

ESTHER PERBANDT

DESIGNERIN // ANDROGRÜN // AUFGESTELLT

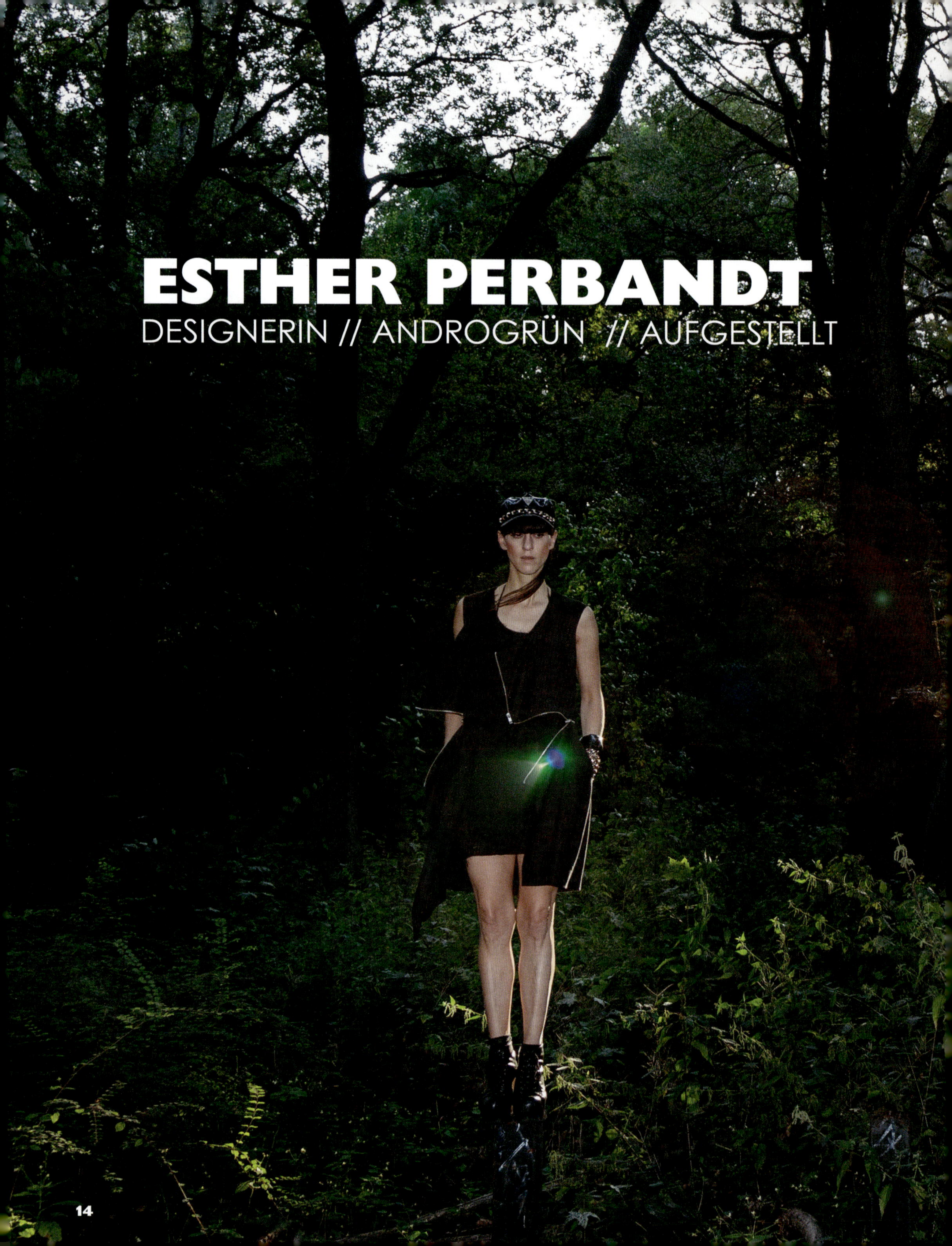

Androgrün, so hat Esther Perbandts Vater mal spöttisch das in Mode gekommene Wort genannt. Da war sie schon genervt von dem androgynen Trendetikett, das ihr immer wieder verpasst wird. Esther Perbandt sind Trends egal. Hungrig ist sie. Hungrig nach Neuem, nach Veränderung, nach Vielfalt und nach Abwechslung. Nur nicht bei ihrer Frisur. Der bleibt sie treu. Die Berliner Designerin ist bekennende Nicht-Köchin. Sie selbst ist zum Kochen zu ungeduldig und will sofort Ergebnisse. Aber essen tut sie gerne und wenn für sie jemand kocht, dann kann sie natürlich auch darauf warten. Denn bekocht zu werden ist für Esther Perbandt eine schöne Geste, eigentlich wie ein Geschenk. Am Sommer liebt sie die Wärme. Wenn sie Sonntags in ihrer Platte das Fenster zum Hof öffnet und mit der Wärme das Wochenendgemurmel der Stadt hereinströmt, macht das Esther Perbandt, ganz das Großstadtkind, einfach glücklich.

Esther Perbandt im Treptower Park.

Das Facil ist eine Oase. Ein grüner, lichter Dachgarten in dem man die Blätter rauschen und einen Brunnen plätschern hört. Entspannung pur! Ganz entspannt hat sich hier Michael Kempf kürzlich seinen zweiten Stern erkocht. Den ersten bekam er vor 10 Jahren. Da war er gerade mal 26 Jahre alt. Zusammen mit seinem treuen Küchenteam ist er seitdem ständig auf der Suche. Nach frischen Kombinationen und ungewöhnlichen Aromen, nach dem Besonderen im Einfachen, nach dem Neuen im Bekannten. Sein Herzblut steckt er in Jus und Saucen, denn er ist bekennender Saucenfetischist. Ein Bekenntnis, dass ihm seine Gäste von ganzem kulinarischen Herzen danken. Und was bedeutet für Michael Kempf Sommer? Im Sommer, da freut er sich über frische Wildkräuter von Brandenburgs Wiesen und über seltene Gemüsesorten aus der Region. Er freut sich auf Grillaromen, auf schmelziges Eis und leichte Säure.

MICHAEL KEMPF

FACIL // GRÜN // RAUSCHEND

GEGRILLTER FELSENOKTOPUS MIT TOMATEN-CHORIZO-MARMELADE, HOLZKOHLEÖL UND POVERADEN

Für 4 Personen

OKTOPUS

Ca. 600g Felsenoktopus, frisch | 1 Gemüsezwiebel | 1 Karotte | 100g Staudensellerie
1 EL Rotweinessig | 1 EL Meersalz, grob | 1 Lorbeerblatt | 1 Nelke | 4 Pfefferkörner
1 Wacholderbeere | 1 EL Olivenöl | 1 Zweig Rosmarin | 1 Zweig Thymian

Den Oktopuskopf entfernen, die Arme gut durchwaschen, in einem Topf mit kaltem Wasser bedecken, aufstellen und langsam 1 Stunde sieden lassen (ohne Deckel). Das Gemüse waschen, mit der Schale grob schneiden. Essig, Meersalz und Gewürze zum Oktopus geben. Ca. 2 Stunden simmern lassen, mit einem Zahnstocher prüfen, ob er weich ist. Im Fond erkalten lassen, die Arme halbieren und mit Olivenöl und Kräutern marinieren. In einer Grillpfanne langsam beidseitig grillen.

POVERADEN

12 Poveraden (Mini-Artischocken) | 400 ml Geflügelfond | 1 TL Zitronensaft | 1 Zweig Rosmarin
1 Zweig Thymian | 1 Knoblauchzehe | 1 Lorbeerblatt | Meersalz, grob

Die Poveraden putzen. Alle restlichen Zutaten aufkochen, abschmecken und darin die Poveraden bissfest garen. Im Fond erkalten lassen.

KAPERNVINAIGRETTE

Reduzierter Poveradenfond | 3 El Olivenöl | 1 TL gehackte Kapern | Meersalz | Pfeffer aus der Mühle

Poveradenfond leicht erwärmen, Olivenöl einrühren und mit den restlichen Zutaten abschmecken.

TOMATEN-CHORIZO-MARMELADE

500g Flaschentomaten | 2 Schalotten, fein gewürfelt | 1 EL Olivenöl | 100g Chorizo, fein gehackt
200 ml Tomatensaft | Rosmarin und Thymian, fein gehackt | 100g getrocknete Tomaten, gewürfelt
1 EL Akazienhonig | Tabasco | Meersalz | Schwarzer Pfeffer

Flaschentomaten enthäuten, vierteln, Kerngehäuse entfernen und die Filets in Würfel schneiden. Schalotten in dem Olivenöl anschwitzen. Tomatenwürfel und Chorizo darin anschwitzen und mit dem Tomatensaft ablöschen. Gehackte Kräuter, getrocknete Tomaten und Akazienhonig zugeben und einkochen lassen. Abschmecken.

ANRICHTEN

200g blanchierte und halbierte feine Bohnen | 1 EL kurz frittierte Kapern
evtl. Wildkräuter (z.B. Bronzefenchel) | 60 ml Holzkohleöl

Halbierte Poveraden und die feinen Bohnen in der Kapernvinaigrette erwärmen. Tomatenmarmelade auf einen Teller streichen. Poveraden und Bohnen darüber verteilen. Oktopus und Wildkräuter in der Mitte anrichten. Mit Holzkohleöl beträufeln und die frittierten Kapern darüber streuen.

DESSERT VON AVOCADO, GUANAJA SCHOKOLADE UND LIMETTE

Für 4 Personen

GUANAJA GANACHE

375g Guanaja Schokolade 70% Valrhona | 900g Sahne | 80g Glukose-Sirup
50g Blütenhonig | 3 Msp. Lebkuchengewürz | 2g Meersalz | 2g Gelatine | 3g Agar

Die Guanaja Schokolade aufschmelzen. Sahne mit Glukose, Honig, Lebkuchengewürz und Salz aufkochen, die Bindemittel zugeben und 2 Minuten köcheln lassen. Nun die Sahne unter ständigem rühren in 4 Schritten zur Schokolade geben und eine Emulsion herstellen. Zum Schluss die Emulsion mit dem Mixstab verfeinern, darauf achten keine Luftblasen unter zu mixen. Ganache in einen mit Folie ausgelegten Rahmen geben nach dem abkühlen im Kühlschrank mit Folie abdecken. Im Kühlschrank 12 Stunden auskristallisieren. Zum Anrichten Streifen von 1 cm schneiden aus dem Rahmen nehmen, eindrehen und auf dem Teller anrichten.

LIMONENSPHÄRE

100g Vollei | 110g Zucker | 110g Limonensaft | 100g Butterwürfel

Ei und Zucker gut verrühren. den Limonensaft aufkochen, zur Ei-Zucker-Masse geben und verrühren. Diese Masse im Topf kurz unter ständigem Rühren köcheln lassen und durch ein Sieb in eine Schüssel geben. Auf 50°C abkühlen und die Butterwürfel einrühren. Die Limonen-Creme in Silikonhalbkugeln füllen und einfrieren.

GELATINE ZUM TUNKEN DER SPHÄREN

420g Wasser | 60g Zucker | 25g Pflanzen-Gelatine von Sosa

Alle Zutaten zusammen aufkochen und 3 Stunden kalt stellen. Im Topf wieder auflösen und die gefrorenen Limonencreme-Halbkugeln mit einem Zahnstocher zweimal eintunken. Auf ein Blech geben, Zahnstocher entfernen und mit Folie abdecken und im Kühlschrank aufbewahren.

AVOCADO CREME

125g Avocado-Fruchtfleisch | 60g Wasser | 20g Glukose-Sirup | 20g Zucker | 1,5g Zitronensäure | 1,5g Meersalz

Alle Zutaten, außer der Avocado, kurz aufkochen und heiß über das Avocado-Fruchtfleisch geben und im Mixer pürieren. Durch ein Sieb streichen und in eine Spritzflasche abfüllen.

LIMETTENEIS

375g Vollmilch Joghurt | 60g Puderzucker | 75g Limonensaft | 15g Milchpulver
25g Trimoline (Invertzucker) | 80g Yopol | (Joghurt Pulver von Textura)

Alle Zutaten mixen und in der Eismaschine frieren.

PISTAZIENSTREUSEL

50g Rohrzucker | 50g Mehl Typ 405 | 50g Pistazien, gemahlen (Extragrüne Qualität) | 50g Salzbutter
2g Meersalz | 2g Kräuter der Provence, gefriergetrocknet

Alle Zutaten mit den Händen zu Streusel vermischen und im Ofen bei 170°C ca. 12 Minuten backen.

GARNITUR

Zartbitter Schokoladen-Segel mit rosa Pfeffer | Sauerklee, Blüten | Pistazien, gesalzen | Pistazien, gemahlen
Karamellisierte Limonenfilets (Gasbrenner) | frische Avocadostücke

MICHAEL HÖPFL

PAULY SAAL // PERFEKTION // AUFGEBLÜHT

Michael Höpfl ist Verfechter der kulinarischen Einfachheit: „Es braucht meiner Meinung nach nicht viel, doch das dafür in Perfektion." Kürzlich hat der junge Küchenchef vom Pauly Saal den ersten Stern erhalten. Sein einprägsames Credo hat sicherlich dazu beigetragen. Der gebürtige Bayer hat ein ausgeprägtes Faible für das Hausgemachte: In seiner Küche wird Brot gebacken und Leberwurst gemacht. Sein Büro hat er kurzerhand in eine klimatisierte Vorratskammer für Eingemachtes umfunktioniert. Bauchige Weckgläser mit buntem Innenleben stehen dicht gedrängt in den Regalen, von der Decke hängen selbstgeräucherte Speckschwarten und in Brandenburg gepflückte Kräuterbüschel. Sommer, das heißt für Michael Höpfl auch mal rausfahren aus der Stadt, zu dem Fischer an den See und den Jäger treffen, der seine Küche mit Wild versorgt. Oder einen kleinen Kräutergarten anlegen im Hof vom Pauly Saal. Dort hat er Kapuzinerkresse gesät und verrät ein letztes Geheimnis: Er ist verrückt nach Kapuzinerkresse.

MAKRELE VON DER ROTI MIT GARTENGEMÜSE UND LANDSCHINKEN

Für 6 Personen

MAKRELE

3 Makrelen (ca. 1kg), 1 Makrele ergibt 2 Portionen
Frischer Dill, Olivenöl, Salz und Pfeffer

Die Makrele von Kiemen und Flossen befreien, mit einem Messer vom Kopf her aufschneiden und von Innereien befreien. Die Makrele mit Dill, Olivenöl, Salz und Pfeffer marinieren, danach auf einem Spieß anbringen und ca. für 15 Minuten an die Roti hängen.

ERBSENPÜREE

1 Schalotte | 20g Kochschinken, gewürfelt | 200g Erbsen | 75 ml Geflügelfond
40 ml Sahne | Schweineschmalz, Salz, Pfeffer

Die Schalotte fein würfeln und in Schweineschmalz anschwitzen. Kochschinkenwürfel dazugeben und mit anschwitzen. Die Erbsen hinzufügen, mit dem Geflügelfond ablöschen und weich garen. Die Sahne dazugeben, einmal aufkochen lassen, mit Salz und Pfeffer abschmecken, mixen und durch ein Sieb streichen.

SCHINKENFOND

1 l Geflügelfond | 100g Kochschinken, gewürfelt | 200g Potsdamer Landschinken, gewürfelt | 1 Lorbeerblatt | 2 Wacholderbeeren | 2 Nelken | 2 Stängel Thymian
2 geschälte Schalotten | 1 Knoblauchzehe | 1 Schuss Olivenöl

Alles miteinander verrühren und für 4-5 Stunden bei 60°C ziehen lassen. Passieren und hochwertiges Olivenöl hineinrühren.

ZUCCHINIRÖLLCHEN

3 Zucchini | 2 EL Schinkenfond

Bei den Zucchinis die Enden abschneiden und längs auf einer Aufschnittmaschine bei Stufe 6 oder mit einem Messer dünn aufschneiden. Die Scheiben in eine Pfanne geben, mit 2 EL Schinkenfond aufgießen und kurz andünsten.

GEGRILLTE WACHTELN MIT STEINPILZEN UND BLUNZEN AN WEINTRAUBEN UND PERLZWIEBELN

Für 4 Personen

WACHTELN

4 Wachteln | 20g gedünsteter Blattspinat | 5g Ackersenf | 20g frische Steinpilze
Blunzen – harte Blutwurst | Salz, Pfeffer

Die Wachteln aushöhlen und mit dem gedünsteten Blattspinat, dem Ackersenf und den gehobelten Steinpilzen füllen. Die Wachteln pfeffern und salzen, auf einen Holzspieß stecken und über einen Holzkohlengrill knusprig grillen. Kurz vor dem Servieren mittels einer feinen Küchenreibe winzige Flocken Blutwurst über die Wachteln hobeln.

GESCHMORTE PERLZWIEBELN

20g Bauchspeck | 60g frische Perlzwiebeln | 1 Knoblauchzehe | 1 Bund Thymian
1 TL Zucker | 10 ml Rieslingessig | 20 ml Weißwein, gerne Riesling | Salz

Den Bauchspeck in einem Bräter im Ofen zerlassen. Die Zwiebeln zusammen mit der Knoblauchzehe hinzugeben und Farbe nehmen lassen. Das Thymian-Bündchen dazugeben, dann salzen und zuckern, dabei leicht karamellisieren lassen. Mit dem Essig ablöschen, leicht einkochen, dann mit dem Wein ablöschen und vorsichtig weich dünsten. Leicht warm servieren.

EINGELEGTE WEINTRAUBEN

100g Zucker | 200 ml Weißwein, gerne Riesling | 100g weiße Tafeltrauben

Den Zucker leicht karamellisieren lassen und mit dem Riesling ablöschen. Die Trauben hinzugeben und dickflüssig einkochen lassen. Die Trauben entnehmen und Fond und Trauben separat kühlen. Vor dem Servieren beides zusammenfügen, eine Scheibe Speck beilegen und leicht erwärmen.

JÖRG BEHREND

PARIOLI IM HOTEL DE ROME

INTENSIV // NATÜRLICH

Italienische Einfachheit ist seine Stärke. Elementare Aromen sind das Wesen seiner Küche. Klare Linien auf dem Teller betonen die Naturbelassenheit der Produkte. „Ich bin ein Mann der klassischen Werte", sagt Jörg Behrend. Hochwertige Zutaten, erstklassige Zubereitung und intensive Aromen, darum geht es ihm. Was ist ihm noch wichtig? Glaubwürdigkeit und Authentizität. Die schafft er auch durch einen engen Bezug zur Saison. Für seine aromastarke Küche sucht er die besten Produkte am liebsten direkt vom Erzeuger: Büffelmozzarella, Olivenöl, Artischocken und Tomaten aus Italien, Lamm von der Müritz, heimisches Gemüse aus einem Bauerngarten in der Uckermark. Im Sommer setzt er sich gerne mit Freunden auf eine Picknickdecke im Grünen oder am See. Mit einer Flasche eisgekühltem Champagner und einem unkomplizierten italienischen Picknick.

GEGRILLTE CALAMARES, MIT MEDITERRANEM GEMÜSE GEFÜLLT

Für 4 Personen

Je 1 mittelgroße Zucchini, Aubergine, Paprika rot und gelb, Karotte | 2 Stangen Staudensellerie | Etwas Knoblauch | 6 Scheiben weißes Toastbrot | 2 Roma-Tomaten je 1 Zweig Thymian, Rosmarin, Basilikum | 4 Calamares á ca. 125g
Etwas Kastanienhonig, Balsamico, Zitronenabrieb, Salz, Pfeffer, Olivenöl extra vergine

Karotte, Aubergine und Paprika schälen und das ganze Gemüse in kleine Würfel schneiden. Mit dem Knoblauch in Olivenöl leicht anbraten. Vom Toastbrot die Rinde entfernen, kleine Würfel schneiden und diese in etwas Butter goldbraun anrösten.

Die Tomaten blanchieren, vom Kerngehäuse befreien, in gleich große Würfel schneiden. Die Gemüse und die gerösteten Toastbrotwürfel mit den fein gehackten Kräutern vermischen und mit Salz, Pfeffer, Balsamico, Kastanienhonig und Zitronenabrieb abschmecken.

In die geputzten Calamares füllen und diese mit einem Zahnstocher verschließen. Mit Salz und Pfeffer würzen und mit Olivenöl beträufeln. Goldbraun grillen.

SARDINEN AM STOCK, BECCANFICO

Für 4 Personen

MARINADE

1 Bund Basilikum, gezupft | Thymianzweige, Rosmarinzweige, Lorbeerblätter | 1 Schuss Reis-Essig
Saft von 6 Zitronen | Zucker, grobes Meersalz, etwas Pfeffer

Kräuter in der Hand zerreiben, mit den restlichen Zutaten in einem Gefäß zusammenrühren.

SARDINEN

12 kleine Sardinen | 2 Eier | 100g Semmelbrösel aus Ciabatta | 100g Pinienkerne | 1 Bund Fenchelkraut
50g Rosinen | 50g getrocknete Feigen | Einige Zweige Petersilie und Minze

Die Sardinen am Bauch aufschneiden, die Innereien und Gräten entfernen, kalt abspülen und trocken tupfen. In einer Schüssel mit der Marinade bedecken und etwa 10 Minuten ziehen lassen. Die Eier verquirlen, Semmelbrösel unterrühren und leicht salzen. Pinienkerne, gehacktes Fenchelkraut, Rosinen und die in kleine Würfel geschnittenen Feigen zufügen. Petersilie, Minze und Fenchelkraut zupfen, fein schneiden und untermischen. Eventuell Semmelbrösel dazugeben, sosdass die Masse fest, aber streichfähig ist.

Die Sardinen trocken tupfen und den Bauchraum mit der Bröselmasse füllen und vom Maul am Rückgrat entlang zum Schwanz aufspießen. Nun die Spieße bzw. die Sardinen auf dem Holzkohlegrill ca. 5 Minuten von beiden Seiten grillen. Vom Spieß nehmen, auf Küchenpapier abtropfen lassen, anrichten und lauwarm, gerne mit Tomatensugo bzw. marinierten Tomaten, servieren.

SONJA FRÜHSAMMER

FRÜHSAMMERS // MAGISCH // IMMERGRÜN

Sonja Frühsammer hat ein Händchen für Gemüse. Man könnte auch sagen, sie hat einen kulinarischen grünen Daumen. Gartenerzeugnisse aus der Region werden in ihrer Küche verzaubert, Aromen, Farben und Texturen magisch harmonisch kombiniert. Fisch und Fleisch glänzen oft in anspruchsvollen Nebenrollen. Gäste und Kritiker sind entzückt von ihren frischen und dennoch eleganten Arrangements. Frisch und dennoch elegant, das passt auch zu ihrer Person: Die unbestritten beste Köchin Berlins reitet in ihrer Freizeit auf einem frechen Islandpferd, fährt so oft es geht mit dem Fahrrad zur Arbeit und ist auch sonst komplett uneitel. Zusammen mit ihrem Mann Peter Frühsammer empfängt sie ihre Gäste in Frühsammers Restaurant in der eleganten Villa vom Grunewald Tennisclub. So herzlich und frisch, dass man fast sagen könnte, Sonja Frühsammer hat auch einen grünen Daumen für Gäste.

PULPO

Für 4 Personen

1 kg Pulpo | 1 Sternanis | 1 Chilischote ohne Kerne | 1 Zweig Rosmarin | 1 Zweig Thymian | 1 Knoblauchzehe | Salz, Pfeffer, ein Schluck gutes Olivenöl

Den Pulpo putzen, unter kaltem Wasser abspülen und mit allen anderen Zutaten in einen Topf geben. Bei kleiner Hitze mit Deckel unter mehrmaligem Wenden ca. zwei Stunden garen. Sobald der Pulpo weich ist, diesen auf einem Blech auskühlen lassen und eventuell etwas putzen. Den Grill mit Trennfett (brennt nicht) einsprühen und den Pulpo darauf grillen.

BASILIKUM-EIS

5 Bund Basilikum | 600g Joghurt, kalt | 125g Puderzucker | Salz, Pfeffer

Den Basilikum von den Stielen zupfen und in kochendem Wasser kurz blanchieren, in Eiswasser abschrecken und gut ausdrücken. Dann fein hacken und mit allen anderen Zutaten in einer Küchenmaschine mixen und abschmecken. In einer Eismaschine gefrieren lassen.

GEMÜSESÜLZE

2 Schalotten | Knoblauch | Olivenöl | brauner Zucker | 3 Tomaten | 200 ml Kalbs- oder Geflügelfond Cayennepfeffer, Rosmarin, Thymian, Basilikum | 2 rote Paprika | 1 Zucchini | 1 Aubergine 1 Hand voll Shiitake Pilze | Olivenöl, Salz, Gelatine

Für die Sülze die Schalotten klein schneiden und mit dem Knoblauch in Olivenöl anschwitzen. Mit dem braunen Zucker bestreuen, die grob gewürfelten Tomaten zugeben, mit Fond ablöschen und einkochen lassen. Dann mixen und mit den frischen Kräutern abschmecken.
Die Sauce in ein Litermaß geben und je 100 ml ein Blattgelatine in kaltem Wasser einweichen, in etwas Sauce auflösen und dann zur restlichen Sauce zugeben. Die Paprika vierteln, mit der Hautseite nach oben auf ein Blech legen, mit Olivenöl bestreichen, mit Salz bestreuen und unter den vorgeheizten Grill legen, bis die Haut schwarz wird. Zugedeckt abkühlen lassen und dann die Haut abziehen. Die Auberginen, Shiitake und Zucchini in Scheiben schneiden und in Olivenöl goldbraun braten. Zum Schluss ein paar Stiele Kräuter und Knoblauch zugeben und auf Küchenpapier abkühlen lassen. Eine Form von 0,75 ml oder vier Tassen oder ähnliches mit Klarsichtfolie auslegen, das Gemüse abwechselnd mit dem Fond einschichten, etwas schütteln, damit sich der Fond gleichmäßig verteilt und mindestens vier Stunden kalt stellen. Die Form stürzen, die Klarsichtfolie abziehen und mit Vinaigrette beträufeln.

KRÄUTERÖL

50g Kräuter (Basilikum, Koriander, Kerbel, Petersilie) | 100 ml neutrales Öl (Diestel-, Sonnenblumen- oder Rapsöl)

Übrigens: Man kann aus allen Kräutern ein Öl herstellen.
Die Blätter der Kräuter von den Stielen zupfen, in kochendem Wasser kurz blanchieren und in Eiswasser abschrecken. Jetzt die Kräutergut ausdrücken, fein hacken und mit dem Öl in einer Küchenmaschine fein mixen. Manchmal bekommt man eine große Menge Kräuter, die man nicht so schnell verarbeiten kann, dann ist es schön ein Kräuteröl herzustellen.

SCHINKENSALZ

30g roher Schinken | 2 EL Maldon Salz

Den rohen Schinken fein hacken und in einer Pfanne langsam auslassen. Auf ein Küchentuch geben und abtupfen, dass er ganz trocken ist. Dann in einem Mörser zerkleinern und mit etwas Maldon mischen. Passt perfekt auch zu Gegrilltem oder einfach auf Baguette.

MATTHIAS BUCHHOLZ

GUTSHOF BRITZ // LEGER // IDYLLISCH

In einem wunderschönen Garten im Süden von Berlin, da steht ein ebenso schönes Gutshaus. In der Küche von dem schönen Gutshaus steht tagein tagaus ein Sternekoch und kocht für seine Gäste. Und weil Matthias Buchholz ein sehr, sehr guter und berühmter Koch ist, kommen Gäste aus ganz Berlin nach Britz und ergötzen sich an der legeren Landhausküche im lauschigen Garten, der gemütlichen Stube und dem eleganten, aber ungezwungenen Abendrestaurant. Matthias Buchholz ist ganz sicher einer der Köche, die die Berliner Gourmetszene seit Jahren entscheidend mitgeprägt hat. Nach Jahren in der Luxushotellerie freut er sich jetzt auf seinen Gemüsegarten, auf regionale Küche, auf geradlinige Teller und auf Gäste, die sich in dem idyllischen Ambiente genauso wohl fühlen wie er.

ZITRONENGRAS-KOKOSNUSSEIS MIT EXOTENRAGOUT UND SCHOKOLADENSABLÉ

Für 4 Personen

ZITRONENGRAS-KOKOSNUSSEIS

500g Milch | 500g Sahne | 200g Kokosraspel | 4 Stengel Zitronengras
8 Eiweiß | 30g Batida de Coco | 120g Zucker

Das Zitronengras an den Enden weich klopfen, dann wird es im Aroma viel intensiver, und klein schneiden. Die Milch, Sahne, Zitronengras und Kokosraspel aufkochen. Das Eiweiß mit dem Zucker in einer Schüssel anschlagen, in die heiße Flüssigkeit einrühren und ganz kurz aufkochen lassen, dann sofort passieren. Den Batida de Coco zugeben und in der Eismaschine gefrieren.

EXOTENRAGOUT

125g Rohrzucker | 50 ml Wasser | 75g Kokosmark | 75g Limettensaft | 30g Passionsfruchtsaft
100 ml Mangomark | 2 Vanilleschoten | ½ Ananas | ½ Mango | 1 Banane

Alle Zutaten, bis auf die Früchte, aufkochen, 5 Minuten köcheln lassen und anschließend passieren (eventuell mit Mondamin abbinden). Die Früchte in kleine Stücke (Brunoise) schneiden und mit dem Sud vermengen. Für ca. 1 Stunde kalt stellen.

SCHOKOLADENSABLÉ

2 Eigelb | 80g Zucker | 80g Butter | 120g Mehl | 80g Backpulver | 18g Kakaopulver von Valrhona
20g Manjari Kuverture (flüssig)

Die Eigelb mit Zucker und Butter schaumig schlagen, die restlichen Zutaten untermengen und 2 Stunden ruhen lassen. Dann ausrollen und bei 180°C ca. 8-10 Minuten backen.

Auf zum Gipfeltreffen nach Neukölln! Auf dem Dach einer Einkaufspassage im Herzen des Bezirks treffen sich die Sonnenanbeter im Klunkerkranich. Viel Holz, ein vertikaler Garten, Bienenkörbe, Blumentröge und Komposthaufen lassen das ehemalige Parkdeck fast völlig verschwinden. Den ersten und den letzten Sonnenstrahl des Jahres kann man in dieser originellen Kreuzung aus Dachgarten, Spielplatz, Club, Strandbar und Skihütte mit bestem Berlinblick genüsslich einfangen. Der Blick in den Sonnenuntergang ist schon Stadtlegende. Diego Segados fröhliche unbeschwerte Küche passt hervorragend in diese urbane Sommerlandschaft. Man schmeckt die Sonne und den Spaß, den der junge Koch an seinen Zutaten hat. Mediterrane Leichtigkeit trifft auf Berlin und versprüht Aroma und gute Laune.

DIEGO SEGADO

KLUNKERKRANICH // PARKDECK // BEGRÜNT

„SECRETO IBERICO", ZUCCHINI-VARIATION, GEBRATENE GELBE MINI-PAPRIKA, VIOLETTE KARTOFFELN

Für 4 Personen

400g Filetkopf vom Iberico Schwein (Pata Negra) | 4 Mini-Zucchini mit Blüte | 1 große Zucchini
12 gelbe Mini-Paprika (Padronpaprika) | 800g violette Kartoffeln (Trüffelkartoffeln) | Olivenöl
Thymian, Basilikum, Rosmarin | Grobes Meersalz

Für „Secreto Iberico" den Filetkopf aus spanischen Pata-Negra-Schwein mit Thymian in Butter kurz auf beiden Seiten anbraten, dann für 5 Minuten bei 180°C in den Ofen. Für die Zucchini-Variationen die Mini-Zucchini halbieren, die große Zucchini in Scheiben schneiden und in Öl anbraten. Danach mit Olivenöl, Kräutern (Basilikum, Rosmarin, Thymian) bei 90°C im Ofen konfieren. Zum Schluss mit grobem Meersalz würzen. Den gelben Mini-Paprika anbraten und mit Meersalz würzen. Die violetten Kartoffeln schälen und mit einem Parisienne aus den Kartoffeln Kugeln ausstechen. Diese pochieren und in Butter anbraten. Dekoriert wird mit Studentenblumen und Borretschblüten sowie Kerbel, Rucola und Zucchiniblüte aus dem Klunkergarten.

KARAMELLISIERTER ZIEGENKÄSE, GELBER-PATISSON-KÜRBIS-CARPACCIO MIT MANDELVINAIGRETTE

Für 4 Personen

4 Scheiben Ziegenrolle (Dicke nach Belieben) | Brauner Zucker (etwa 1 TL pro Ziegenkäse) | 1 Patisson-Kürbis (ca.1 kg) | 100g ganze Mandel, geschält | 1 EL Honig | 3 EL weißer Balsamico-Essig | 1 TL Arganöl

Die Oberfläche des Ziegenkäses mit braunem Zucker bedecken und mit dem Bunsenbrenner abbrennen. Für das Carpaccio den Kürbis in dünne Scheiben schneiden und 4-5 Minuten in Wasser pochieren. Für die Vinaigrette: Mandeln anbraten und salzen. Die Mandeln mit Honig, Balsamico-Essig und Arganöl pürieren/emulgieren. Die Kürbisscheiben auf dem Teller anordnen, dann Vinaigrette darüber pinseln oder laufen lassen. Ziegenkäse in der Mitte abbrennen.

Dekoriert wird mit Borretschblüten und Studentenblumen, Thai-Basilikum, Zwergtomaten aus dem Klunkergarten, Honig von unseren Bienen und Balsamico-Reduktion.

Weniger ist mehr. Diese Aussage kann man sich in der eisbox von Marion Schmid auf der Zunge zergehen lassen. Ihre Sorbets sind Frucht pur. 12 Sorten hat sie immer im Angebot - saisonal mit der Fruchtfolge wechselnd. Genau wie im Garten kommt nach Rhabarber Erdbeere und danach Himbeere, Kirsche, Pfirsich. Viele ihrer Kunden sind wirklich dankbar, dass sie das Tonkabohneneis immer im Programm hat. Ansonsten darf sie gerne mal wechseln. Das ist gut, denn Marion Schmid fällt im Winter immer etwas Neues ein, was sie im Sommer an der Eismaschine ausprobiert. Sie hat es geschafft, dass Moabit zum Eismekka Berlins geworden ist. Fans ihrer Eiskunst pilgern bei schönem Wetter in Scharen in die Elberfelder Straße. Ihr Ziel: Das Eisgaumenglück in der eisbox.

MARION SCHMID

EISBOX // GLÜCK // ARTENREICH

GURKE, MELONE

Für 5 Portionen

200g Salatgurke | 250g Honigmelone | 150g Wasser | 80g Läuterzucker
30g Dextrose | 40g Trockenglukose | Saft einer Zitrone | 1 Prise Salz

Gurke und Melone schälen und entkernen, fein pürieren, durch ein Haarsieb streichen. Wasser, Läuterzucker, Dextrose, Glukose, Zitronensaft und Salz gründlich vermischen. Gurken-Melonen-Püree unterrühren. Im Kühlschrank erkalten lassen. Zubereitungszeit in der Eismaschine etwa 45 Minuten.
Variante: 1 TL fein geriebenen Ingwer unter die Eismasse rühren.
Mit ein paar Blättchen frischer Minze, etwas fein geschrotetem weißen Pfeffer ist dieses Sorbet eine herrliche Erfrischung an heißen Sommertagen. Bestens auch geeignet als Zwischengang eines sommerlichen Menüs.

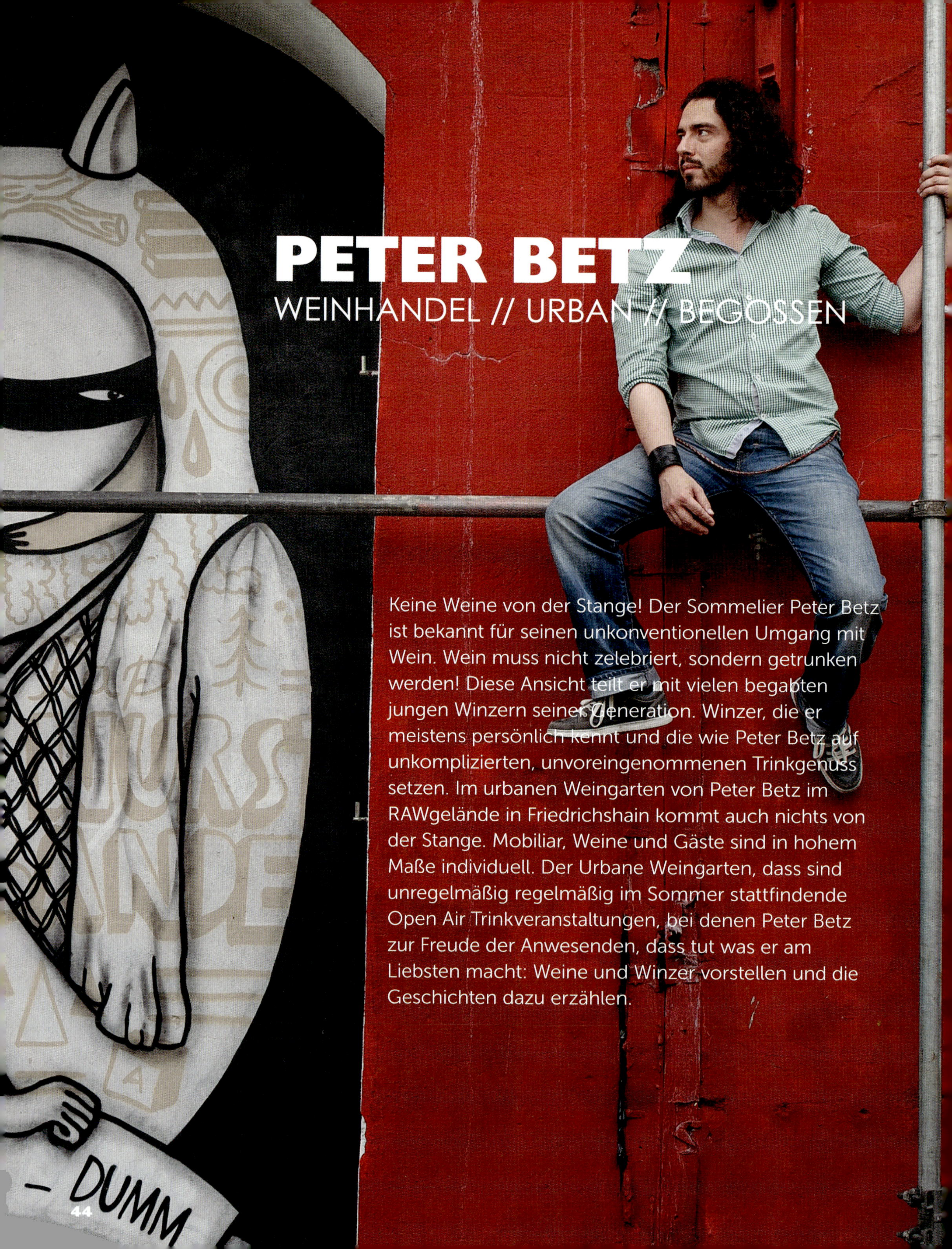

PETER BETZ

WEINHANDEL // URBAN // BEGOSSEN

Keine Weine von der Stange! Der Sommelier Peter Betz ist bekannt für seinen unkonventionellen Umgang mit Wein. Wein muss nicht zelebriert, sondern getrunken werden! Diese Ansicht teilt er mit vielen begabten jungen Winzern seiner Generation. Winzer, die er meistens persönlich kennt und die wie Peter Betz auf unkomplizierten, unvoreingenommenen Trinkgenuss setzen. Im urbanen Weingarten von Peter Betz im RAWgelände in Friedrichshain kommt auch nichts von der Stange. Mobiliar, Weine und Gäste sind in hohem Maße individuell. Der Urbane Weingarten, dass sind unregelmäßig regelmäßig im Sommer stattfindende Open Air Trinkveranstaltungen, bei denen Peter Betz zur Freude der Anwesenden, dass tut was er am Liebsten macht: Weine und Winzer vorstellen und die Geschichten dazu erzählen.

WEINGUT STACHEL, MAIKAMMER, WEISSER BURGUNDER

Das familiengeführte Traditionsweingut STACHEL besteht seit vielen Generationen im südpfälzischen Weinort Maikammer. Erich Stachel ist seit Jahrzehnten erfolgreicher Winzer, den größten Teil seines Lebens hat er im Weinberg verbracht. Seit 2003 hat Matthias Stachel die Verantwortung für den Weinausbau übernommen. Der weitgereiste Weinmacher hat in Kalifornien und Neuseeland sein Spektrum und Wissen erweitert. Traditionsbewusstsein, Offenheit und Innovationsgeist, Kompetenz gepaart mit Erfahrung: Dies sind die Parameter, die für Qualität und Erfolg des Weinguts sprechen.

Beim weißen Burgunder erfüllen Düfte von Ananas und Melone die Nase. Seine feine Aromatik setzt sich am Gaumen fort. Ein ausgewogener Wein, den es Spaß macht zu trinken.

TINA PFAFFMANN, PFALZ, PINK ROSÉ (100% ST. LAURENT)

Die Philosophie der jungen Winzerin: "Qualität auf höchstem Niveau, auch wenn Qualität von quälen kommt!" Die Charakteristik der Weine spiegelt sehr schön die Eigenschaften Tinas wieder: eigensinnig, fröhlich und voller Lebensfreude. Ein frischer, fruchtiger Wein. Trotzdem besitzt er noch einen leichten Rotweincharakter. Man muss nicht viel zu ihm sagen, er macht einfach Spaß. Für jede Gelegenheit ohne groß darüber nachzudenken.

WEINGUT REVERCHON, SAAR RIESLING

Trocken, leicht und pur beschreiben den Stil des Weingutes. Die Weine werden überwiegend trocken ausgebaut, auch die fruchtigen Weine liegen im Geschmacksspektrum eher auf der trockenen Seite. Pur sind die Produkte durch ihre klare Struktur, den rebsortenreinen Ausbau und die Spontanvergärung. Der spritzige, saarwürzige Schiefer-Riesling schmeckt wunderbar nach grünem Apfel und weist eine schmelzige Frucht auf. Passt zu leichten Sommergerichten.

REVERCHON RIESLING CREMANT SEKT

Ein sehr charmanter und cremiger Spitzensekt mit feiner Perlage und der rieslingtypischen Frische.

MARKUS ALTENBURGER, CHARDONNAY „VOM KALK" 2012

Ob unter dem Schiefer, mit Lehm versetzt oder pur: Der ‚Leithakalk' ist der typische Boden in dieser Gegend und perfekt für Chardonnay. Die Trauben wurden Anfang September handgelesen und nach dem Rebeln bei kurzer Maischestandzeit gepresst. Der Saft vergärt ohne Beigabe von Reinzuchthefen teilweise in Barrique, teilweise in großen Holzfässern. Das Ergebnis: Ein hell goldener Chardonnay mit grünen Reflexen, in der Nase kalkig mit Duft nach Pfirsichen, am Gaumen feine Zitrusfrüchte und salzige Mineralität. Ein perfekter Begleiter für Geflügel , Fisch aller Zubereitungsart , Pasta, Eintopfgerichte und Vegetarisches.

OLIVER LLOYD BOEHM

KAISERDIELE // ERFRISCHEND // ANDERS

Der Mann lässt nichts aus. Oliver Lloyd Böhm war Tänzer, Choreograph, Designer, Innenarchitekt, Barkeeper und ist nun auch noch unter die Gastwirte gegangen. Ein klitzekleines Straßenbahnwärterhäuschen aus Kaisers Zeiten beherbergt die Kaiserdiele in Friedenau. Oliver Lloyd Böhm hat es liebevoll umgebaut und in eine herrliche kleine Bar verwandelt. Im Winter trifft man sich am langen Gemeinschaftstisch. Bei Kaiserwetter aber werden Tische rausgestellt und auf einmal ist der ganze Platz ein einziger Weingarten. Hier trifft sich nicht nur die Nachbarschaft: Freunde des guten Weines kommen aus derganzen Stadt um die, wie Oliver Lloyd Böhm selbst sagt, „ordentliche" Auswahl an deutschen, französischen und italienischen Weine zu genießen. Dazu serviert er Weinbergschnecken. Man ist ja schließlich in einem Weingarten!

HAVELWASSER

4cl Tanqueray Gin oder Hendrick´s Gin | 2cl Pimm´s No. 1 | 2cl frisch gepresster Zitronensaft
1cl flüssiger Rohrzucker | Sodawasser zum Auffüllen | 1 Stück Salatgurke, ca. 4-5 cm| mittelgrobes Meersalz (z.B. Fleur de Sel) | Frisch gemahlene schwarze Pfefferkörner | Eiswürfel

Von dem Stück Salatgurke die Schale mit einem Messer in etwa 2-3 mm Stärke rundherum abschneiden. Aus den abgeschnittenen Schalen mit Hilfe einer Ausstechform (Asiamarkt) kleine „Fische" herstellen. Begabte Schnitzer können das auch frei gestalten. Die geschälte Gurke grob zerteilen. Von der Zitrone mit einem Zestenreißer eine Spirale aus der Schale formen. Zitrone auspressen. Eiswürfel bereitstellen. Die Eiswürfel sollten eckig, sehr kalt (ca. -20 Grad) und hart sein. Ein Becherglas mit ca. 20cl Volumen im Froster vorkühlen.

Eiswürfel, Gurkenstücke, Gin, Pimm´s, Zitrone und Rohrzucker in den Shaker geben. Lange und kräftig shaken bis die Gurke nahzu püriert ist. Die Zeste von der Zitrone in das vorgekühlte Becherglas einlegen. Den Drink durch ein mittelfeines Sieb abseihen und mit Sodawasser auffüllen. Mit einer dezenten Prise Pfeffer und Salz obenauf bestreuen und die Fischdeko aufsetzen. Nicht mit einem Trinkhalm servieren, da sonst die überraschende Pfeffer/Salz-Note verloren geht.
Wer den Drink ein wenig süßer haben will, gießt klare Zitronenlimonade anstatt Sodawasser auf.

ROSE OF SPANISH HARLEM

3cl kubanischer Rum | 1cl Rosenlikör | Champagner | Reines Rosenwasser
Blatt einer unbehandelten roten Rose

Champagnerschale gut vorkühlen. Rosenwasser in einen Parfümzerstäuber abfüllen.

Rum und Rosenlikör auf sehr kaltem Eis kurz und kräftig shaken und in die Champagnerschale abseihen. Mit Champagner auffüllen und dann mit dem Zerstäuber über dem Glas eine Sprühwolke erzeugen, die sich auf den Drink absenkt. Rosenblatt auflegen.
Bei einer einfachen Rezeptur wie bei diesem Cocktail hängt alles von den Zutaten und der Genauigkeit ab. Der Champagner sollte eine schöne Hefenote haben, der Rosenlikör darf keine Kunstaromen besitzen und das Rosenwasser möchte nur beim Ansetzen des Glases die Nase erfreuen und nicht den Cocktail penetrieren.
Mit der Routine kommt die Eleganz.

AM WASSER GEBAUT

WASSER
STRAND
WEITE
FISCH

VON DAMPFERN, FISCHEN & KOMBÜSEN

Einst lebte Berlin von seinen Wasseradern, jetzt lebt es an seinen Wasseradern. Elegante Restaurants liegen ebenso am Wasser, wie romantische Biergärten oder schräge Clubs. Mitten in der Stadt werden Strände aufgeschüttet und Bäder gebaut. Bärtige Freizeitkapitäne lümmeln sich in Schlauchbooten und tätowierte Seejungfrauen schwimmen durch die Nacht. Mit den Dampfern fahren nicht nur silbergelockte Damen, Dampfer sind jetzt zum Tanzen da und aus den Kombüsen kommt weit mehr als Würstchen mit Kartoffelsalat. Wenn die Stadt ihre Netze auswirft, zappeln darin Zander, Karpfen, Aal und Maräne. Egal ob gegrillt, geräuchert, mariniert oder frittiert, serviert wird auf den Sonnendecks der Stadt. Wasser in Berlin war früher nur Mittel zum Zweck, nun ist es Mittel zum Glück.

Havel an der Scharfen Lanke

MURAT TOPAL

KABARETTIST // EX-POLIZIST // BERLINER

Was Los?

Wenn einer weiß, was in Kreuzberg und Neukölln wirklich abgeht, dann Murat Topal. Denn in seinem früheren Leben war Murat Topal Polizist und hat berufsbedingt seinen Blick weit hinter die Kulissen der beiden Trendbezirke geworfen. Dorthin wo kein Szenegänger oder Clubbesucher oder Restaurantgast hinschaut. Absonderlichen Typen, schräge Vögel, irre Gastronomen und ständig verrückte Geschichten sind ihm da untergekommen. Dann hat er Tschüssi Copski gesagt und nur noch Spaß gemacht. Im Fernsehn und in Shows in der ganzen Republik. Seiner Heimatstadt Berlin hat Murat Topal ein Buch gewidmet. Schließlich hat er noch einen Döner an der Spree!

Murat Topal an der Spree

CINCO BY PACO PEREZ

DAS STUE // AVANTGARDE // GLÄNZEND

Im Design Hotel Das Stue hat der spanische Zwei-Sterne-Koch Paco Perez sein Restaurant Cinco eröffnet. Mit Cinco, dem spanischen Wort für die Zahl Fünf, bezieht er sich auf die fünf Sinne seiner Gäste, die das Mitglied der internationalen Kochelite mit den sinnlichen Explosionen seiner avantgardistischen Küche anspricht, umschmeichelt, herausfordert. Für die Umsetzung seines exklusiven Fine Dining Konzepts hat er gleich drei junge Küchenchefs aus seinen Reihen ausgesucht und nach Berlin als Botschafter der gehobenen spanischen Küche entsandt. Der Österreicher Andreas Rehberger, der Spanier Monty Aguiló Wray und der aus Argentinien stammende Pato Zucarini Mele teilen sich die Verantwortung im Cinco, das kürzlich mit einem ersten Michelin Stern ausgezeichnet wurde. Nomen est omen. Es ist der fünfte Michelin Stern von Paco Perez.

THUNFISCH TARTAR, BOTTARGA, GRÜNALGE, WASABI-MAYONNAISE

Für 4 Personen

GRÜNALGEN SHOT

100g frische Grünalgen | 120 ml Olivenö | 0,1g Xantan | Flüssiger Stickstoff

Grünalgen mit Olivenöl in der Thermomix bei 70°C 7 Minuten auf Stufe 7 aufschlagen. Durch ein feines Sieb passieren und mit Xantan andicken. Feine Tröpfchen in flüssigem Stickstoff gefrieren. Alternativ frisch verwenden.

WASABI MAYONNAISE

1 Ei | 500 ml Sonnenblumenöl | 8 g Halen Mon Salz | 8g Wasabi | 8g Yuzu-Saft | 200 cl Schlagsahne
Flüssiger Stickstoff

Zutaten bis auf die Schlagsahne zu einer Mayonnaise aufschlagen. Mit der halbsteif geschlagenen Schlagsahne mischen.

Feine Tröpfchen in flüssigem Stickstoff gefrieren, alternativ frisch verwenden.

YUZU-ÖL

Schale von 1 Yuzu | Schale von 1 Zitrone | 240 ml Sonnenblumenöl

Zutaten in einen Vakuum-Beutel geben und im Wasserbad bei 70°C zwei Stunden ziehen lassen. Beutel in kaltem Wasser abkühlen lassen und das Öl durch ein feines Sieb filtrieren.

KATSOUBUSHI GELEE

40g Katsoubushi vom Thunfisch | 20g Mojama vom Thunfisch | 48 g Kombu Algen | 4 g Yuzu Schale | 120 ml Mineralwasser | 6,4 g Agar Textura | 12 g Halen Mon Salz | 4 g Gelatine (aus Fischknochen)

Das Wasser aufkochen und eine Infusion mit Katsobushi, Mojama, Yuzu und Kombu Algen 45 Minuten ziehen lassen. Durch ein feines Sieb filtrieren. In der Infusion die Agar Textura auflösen, alles einmal aufkochen, vom Herd nehmen und die Gelatine darin auflösen. In einer flachen Form gelieren lassen und in feine Würfel schneiden.

TATAR

32 g Bottarga vom Thunfisch reiben | 280 g Thunfisch | 100 g Halen Mon Salz

Thunfisch in feine Würfel schneiden und mit Salz und Yuzu-Öl marinieren.

Das Tartar auf vier Tellern anrichten und mit den gefrorenen Kügelchen, den Katsobushi-Gelee Würfelchen, einigen Grünalgen und geriebener Bottarga anrichten.

VIVA MEXICO

Für 4 Personen

MAISMACARONES

100 ml Maissaft | 50ml Läuterzucker | 5g getrocknetes Eiweiß | 1g Xantana

Maissaft mit Läuterzucker, Xantana und Eiweiß gut mit dem Stabmixer verrühren. Anschließend in der Küchenmaschine aufschlagen bis eine Eischnee ähnliche Konsistenz erreicht ist. Dann mit dem Dressierbeutel kleine Macarones auf ein mit Backpapier belegtes Blech dressieren und umgehend im Backrohr bei 50°C für ca. 10 Stunden trocknen.

MOLE CHIP

50 ml Wasser | 15g Molepaste | 15g Isomaltzucker | 16 Oblaten (oder 4 Scheiben dünnes Weißbrot) | Salz

Molepaste, Isomaltzucker, Wasser und Salz erwärmen, bis sich der Zucker aufgelöst hat. Abkühlen, kleine runde Oblaten damit bestreichen und im Backrohr bei Heißluft 50°C für ca. 6 Stunden trocknen lassen. Ansonsten kann man dies auch durch hauchdünne Weißbrotscheiben ersetzen.

MOLEÖL

10g Molepaste | 15 ml Sonnenblumenöl

Mole und Öl gut verrühren.

GÄNSELEBERTERRINE

60g Gänseleber | Salz, Pfeffer

Gänseleber mit Salz und Pfeffer würzen. Gut in Folie einpacken und 30 Min. dämpfen. Kühl stellen.

CUACAFOIE

60g Gänseleberterrine | 10 ml Wasser | 1 EL fein gehackte Schalotten | 1 EL fein gehackter Koriander | Spritzer Limettensaft

Koriander und Schalotten fein hacken. Gänseleber auf etwa 40°C temperieren und mit Koriander, Schalotten, Wasser und Limettensaft vorsichtig verrühren. Kühl stellen. 30 Min. vor dem Anrichten aus dem Kühlschrank nehmen.

AVOCADOEMULSION

1 reife Avocado | 8 ml Limettensaft | 10 ml Mandelöl | 15 ml Wasser | Salz

Avocado schälen, entsteinen und mit den anderen Zutaten gut vermixen bis eine cremige Konsistenz entsteht.

LIMETTENFILETS

Eine Limette mit einem scharfen Messer schälen und die Filets auslösen. Diese in kleine Stücke schneiden.

MAIS

4 junge Maiskolben | 10g Butter | Salz

Von den kleinen Maiskolben die Körner mit einer Mandoline runterhobeln. Diese mit etwas Butter und Salz in einer Pfanne erwärmen.

ANRICHTEN

Die getrockneten Maismacarones mit der Guacafoie füllen. Auf die getrockneten Molechips die lauwarmen Maiskörner anrichten mit dem Moleöl beträufeln. 3-4 kleine Stücke der Limettenfilets darauf legen und die Avocadoemulsion darauf in Punkten verteilen. Mit Korianderblättern dekorieren. Genießen Sie zuerst die Macarones und dann den Chip. Viel Erfolg!

Markus Herbicht ist seit den 80er Jahren unterwegs und es hat alles seine Zeit gehabt im Leben des gebürtigen Saarländers. Erst Sterneküche bei Johann Lafer, dann in Thailand für die Königsfamilie kochen, ein Küchendirektor-Posten in Berlin, Käfer in München, Kempinski in Marbella, dann wieder Berlin. Zuerst im „Westin Grand“ dann im „Borchardt“. Jetzt hat er seinen inneren Anker geworfen und sein eigenes Ding gedreht. Mit einem Cateringunternehmen, einem Consulting-Angebot mit Fokus auf Stadien, große Arenen und neue Hotel- & Restaurantprojekte sowie einer neuen Location zum Feste feiern im denkmalgeschützten Schmelzwerk in den Sarotti-Höfen. Volle Fahrt voraus!

MARKUS HERBICHT

SCHMELZWERK // WEITGEREIST // VERSCHAUKELT

MÜRITZSAIBLING IN ZEITUNGSPAPIER

Für 4 Personen

1 rote Zwiebel | 1 Fenchel mit Grün | 2 Stangen Englisch Sellerie | ½ Zitrone | 1 Saibling (1,2-1,4 kg, gesäubert)
2 Stängel Dill | 2 Knoblauchzehen | 2 Sternanis | 1 rote Peperoni | | 1 TL Fenchelsamen | 3 EL Olivenöl
4 cl Sherry, trocken | Meersalz | weißer Pfeffer aus der Mühle | Tageszeitung | Pergamentpapier | Küchengarn

Die Zwiebel schälen und in Streifen schneiden. Fenchel & Sellerie waschen und ebenfalls in Streifen schneiden. Die Zitrone in Viertel schneiden. Beim Saibling die Rücken-, Bauch- und Schwanzflossen mit einer Schere abschneiden.Auf eine ausgebreitete Tageszeitung zuerst ein großes Stück Pergamentpapier (ca. 70 x 40 cm) und dann den Saibling legen.

Nun die Bauchöffnung des Saibling mit Zwiebelscheiben, Fenchel, Sellerie, Dill, den Knoblauchzehen (für ein intensiveres Aroma kurz andrücken), Zitronenviertel, Sternanis, Peperoni und Fenchelsamen füllen. Von außen und innen mit Meersalz und Pfeffer kräftig würzen. Olivenöl und den Sherry über den Saibling gießen und nun das Ganze in das Pergamentpapier einpacken.

Die Zeitung mit Wasser so lange besprühen, bis sie gut durchnässt ist, aber nicht tropft. Den Saibling nun in das nasse Zeitungspapier einschlagen (nicht zu dünn ca. 4-7 Lagen Zeitung) und mit Küchengarn umwickeln. Das Päckchen auf den heißen Holzkohlegrill legen und von beiden Seiten ca. 15 Minuten grillen. Die äußeren Schichten des Zeitungspapiers werden schwarz verbrennen. Der Fisch ist vom nassen Papier der weiteren Lagen und durch das Pergamentpapier geschützt und bleibt herrlich saftig.

Zum Anrichten das Küchengarn abschneiden, die Zeitung und das Pergamentpapier von oben aufreißen und so auf einem Holzbrett servieren Dazu passt perfekt ein Fenchel-Tomatensalat und ein Glas Riesling von Schloss Proschwitz.

BROTSALAT MIT HASELNUSS-HIMBEER-VINAIGRETTE UND KERBELSCHMAND

Für 4 Personen

BROT

½ helles Italienisches Landbrot (ca. 30 x 20 cm) | 2 EL Olivenöl

Das Brot mit dem Olivenöl einpinseln, auf dem Holzkohlegrill hellbraun grillen und zur Seite stellen.

SALAT

4 Schalotten | 1 rote Paprikaschote | 4 Karotten | 4 Stangen Schluppen | 200g Pfifferlinge | 1 EL Olivenöl 200g Wildkräuter mit Blüten

Die Schalotten schälen und halbieren, die Paprika achteln, die Karotten halbieren. Alles zusammen mit den Schluppen auf dem Holzkohlengrill bei nicht allzu starker Hitze hellbraun grillen und zur Seite stellen.

Eine gusseiserne Pfanne auf dem Holzkohlegrill stark erhitzen und die Pfifferlinge in einem Esslöffel Olivenöl sehr kurz darin anbraten (ca. 30 Sekunden) und sofort auf Krepppapier schütten.

DRESSING

50 ml Olivenöl | 20 ml Haselnussöl | 10 Himbeeren | 1 TL Zucker | 1 EL Himbeeressig | Saft einer Zitrone Meersalz, Pfeffer aus der Mühle | 80g geröstete Haselnüsse ohne Schale

Olivenöl, Haselnussöl, Himbeeren, Zitronensaft, Himbeeressig, Salz, Pfeffer und den Zucker in einer Schüssel mit Hilfe eines Stabmixers verrühren. Die Haselnüsse grob hacken und zum Dressing geben.

KERBELSCHMAND

1 Bund Kerbel | Saft einer ¼ Zitrone | 160g Schmand | 1 EL Distelöl | Meersalz, Pfeffer aus der Mühle

Den Kerbel mit Stängel gut waschen und mit Zitronensaft, Schmand, Salz, Pfeffer und Öl in eine Schüssel geben. Alles mit einem Stabmixer so lange pürieren, bis der Schmand grün und der Kerbel fein zerkleinert ist.

ANRICHTEN

Das Brot auf ein großes Holzbrett legen und das gerillte Gemüse, die gesäuberten Pfifferlinge und den Wildkräutersalat abwechselnd dekorativ darauf verteilen. Mit Salz und Pfeffer nachwürzen. Dressing vorsichtig mit einem Löffel auf dem Gemüse und Salat verteilen. Kerbelschmand als Dip in eine Schüssel geben oder ebenfalls auf das Brot geben. Sofort servieren.
Dazu ein Glas Sauvignon Blanc.

PATRICK BECKER

3 SCHWESTERN // SEHNSUCHT // ENTSPANNT

Der Gastraum des Restaurants 3 Schwestern hat eine sehr, sehr lange kulinarische Tradition. Er war von 1847 bis 1970 der Speisesaal vom ehemaligen Diakonissenhaus Bethanien. Vage erinnert der puristisch lichte Raum an die klösterliche Einrichtung. Auch der wunderbar ruhige, überwucherte Garten mit schönem, altem Baumbestand wirkt wie aus einer anderen Zeit. Die frische, regionale Küche von Patrick Becker harmoniert mit den schönen Räumlichkeiten und der entspannten Atmosphäre. Patrick Becker liebt eigentlich deutsche Kochkultur; dafür ist das 3 Schwestern bekannt. Lokale Küche auf hohem Niveau. Im Sommer aber, da packt Patrick Becker schon mal eine mediterrane Sehnsucht. Nach Meer, Sonne, Fischerdörfern - da tauscht er Forelle gegen Rotbarbe und Fleischpflanzerl gegen Lammhüftrolle. Ob die Diakonissen auch so gut gegessen haben?

GEBRATENES ROTBARBENFILET, GRÜNER SPARGEL, WEISSE ZWIEBEL, ROTE UND GELBE MELONE, SAFRAN-RISOTTO

Für 4 Personen

RISOTTO

2-3 Schalotten | ½ Knoblauchzehe | 300g Arborio-Reis | 100 ml trockenen Weißwein | 1g Safran
1 l Gemüse- oder Fleischbrühe | 40g Butter | 60g Parmesan | Olivenöl, Salz, Pfeffer

Kleingewürfelte Schalotten und Knoblauch in Olivenöl anschwitzen. Den Reis dazugeben und umrühren bis die Körner leicht glasig sind. Mit Weißwein ablöschen und einkochen lassen. Safran zugeben. Nach und nach unter ständigem Rühren heiße Brühe zugießen und fertiggaren (ca. 10-15 Minuten). Mit Salz und Pfeffer würzen und zum Schluss den Parmesan und die Butter unterrühren.

GEMÜSE

100g gelbe Wassermelone | 100g rote Wassermelone | 8 Stangen grüner Spargel | 1 weiße Zwiebel
Butterschmalz | Salz, Pfeffer, Muskat, Zucker

Die Wassermelonen entweder in Würfel schneiden (ca. 1 cm Kantenlänge) oder mit einem kleinen Kugel-Former zu Kugeln ausstechen. Vom grünen Spargel die letzten 2 cm zur Wurzel hin abschneiden und die Stangen längs halbieren. Die Zwiebel in grobe Würfel schneiden. In einer Pfanne mit Butterschmalz zuerst den Spargel, dann die Zwiebel und zuletzt die Melonenstücke zusammen kurz anbraten und mit Salz, Pfeffer, Muskat und etwas Zucker würzen.

WEIßWEIN-VANILLEBUTTER

2 Schalotten | 1 Knoblauchzehe | 300 ml trockenen Weißwein | ½ Vanilleschote | 80g Butterwürfel | Olivenöl
Salz, Pfeffer, Muskat

Fein geschnittene Schalotten und Knoblauch in etwas Olivenöl anschwitzen und mit Weißwein ablöschen. Auf ca. 100 ml reduzieren, das Mark der ausgekratzten Vanilleschote hinzugeben und in den heißen Sud nach und nach die kalten Butterwürfel mittels Zauberstab oder Schneebesen einmontieren bis eine leicht cremige Konsistenz entsteht. Mit Salz, Pfeffer und Muskat abschmecken und am Rand vom Herd stehenlassen (die Sauce darf nicht mehr kochen, da sich sonst die Butter vom Rest der Sauce trennt).
Vor dem Servieren mit einem Schneebesen schaumig aufschlagen.

ROTBARBENFILETS

8 mittelgroße Rotbarbenfilets (ca.100g pro Filet) | Olivenöl, Salz, Pfeffer

Rotbarbenfilets auf der Hautseite rautenförmig zwei bis dreimal leicht einritzen. In einer großen Pfanne auf der Hautseite in heißem Olivenöl ca. 3 Minuten anbraten. Mit Salz und Pfeffer würzen.

GEBACKENE LAMMHÜFTROLLE MIT BASILIKUM-TALLEGIOFÜLLE UND OCHSENHERZ-TOMATENSALAT

Für 4 Personen

LAMMFLEISCH

ca. 500g Lammhüftsteak | ¼ Bund Basilikum | 80g Tallegio | 50g Mehl | 1 Ei
100g Paniermehl ca.1 l Öl | Salz, Pfeffer, Muskat

Vom Lammhüftsteak die obere Fettschicht und Sehnen abschneiden. Danach quer zur Fleischfaser ca. 0,5 cm dicke Scheiben schneiden. Diese zwischen zwei Klarsichtfolien plattieren. Jede Scheibe mit Salz und Pfeffer würzen und mit ca. 2 Blatt Basilikum und einem Streifen Tallegio längs belegen. Von der langen Seite aus zu einem Röllchen straff aufrollen. Die Röllchen mit Mehl, Ei und Paniermehl panieren und gleich anschließend in heißem Fett bzw. Öl goldgelb ausbacken. Nach dem Ausbacken kommen die Röllchen für ca. 3-5 Minuten (je nach Dicke der Scheibe) in einen 180°C heißen Ofen. Kurz vorm Servieren schräg halbieren. Wenn man noch ein wenig Fleischjus zu Hause hat, dann schmeckt das Röllchen noch besser.

OCHSENHERZ-TOMATENSALAT

4-6 Ochsenherz-Tomaten | 2 Schalotten | 2 Knoblauchzehen | Heller Balsamico- oder Weißweinessig
Qualitativ gutes Olivenöl | Salz, Pfeffer, Zucker

Die klein geschnittenen Schalotten und Knoblauchzehen mit Balsamico verrühren. Nach und nach das Olivenöl mit einem Schneebesen einrühren und mit Salz, Pfeffer und Zucker abschmecken. Die Ochsenherz-Tomaten kurz vorm Servieren mit der Marinade begießen.

LÁSZLÓ TREPÁK

VOLTA // BARFOOD // SPRITZIG

László Trepák ist Grafikdesigner und Stephan Hentschel ist der Küchenchef vom Cookies. Beide wohnen im Wedding und waren es leid, in ihrem Kiez kein kulinarisches Ziel zu haben. Da sie irgendwann mal keine Lust mehr hatten, darauf zu warten, dass etwas passiert, schritten sie selbst zur Tat. Das Ergebnis ist das Volta. Natürlich im Wedding. Eröffnet in einem kleinen Gastronomie-Pavillon aus den siebziger Jahren. Das Ergebnis ist auch, dass man jetzt aus Mitte und Kreuzberg in den Wedding zum Essen fährt. Dort gibt es nämlich jetzt etwas, was es in ganz Berlin nicht gibt. Im Volta wird Bar Food serviert. Asiatisch angehaucht und mit einem Spritzer Kalifornien für Gourmets abgeschmeckt.

JAKOBSMUSCHEL MIT TINTENFISCH KARTOFFELSTAMPF & WASABI, ORANGE

Für 4 Personen

MEERESGETIER

12 Jakobsmuscheln | 12 Baby-Tintenfische | Salz, Pfeffer

Die Jakobsmuscheln und die Baby-Tintenfische mit Salz und Pfeffer würzen. Anschließend von beiden Seiten für 2 Minuten grillen.

KARTOFFELSTAMPF

400g Kartoffeln | 4 Msp. Wasabi | 80g Butter | 200 ml Milch | Salz

Die Kartoffeln schälen, weichkochen, abgießen und mit den restlichen Zutaten zu einem Kartoffelpüree verarbeiten.

ORANGENREDUKTION

75 ml Orangensaft | 150 ml trockenen Weißwein | 5 ml Zitronensaft | ½ TL Kreuzkümmelpulver | Salz, Pfeffer

Orangensaft zur Hälfte reduzieren. Weißwein und Zitronensaft zur Hälfte reduzieren. Alles zusammengeben und mit Kreuzkümmel, Salz und Pfeffer abschmecken.

ANRICHTEN

Kartoffelpüree auf den Teller geben, die Muscheln und Tintenfisch dazugeben. Reduktion als Sauce rundherum verteilen.

LAMB CHOPS: LAMM GEGRILLT, KOREAN BBQ-MARINADE & MASALA-JOGHURT

Für 4 Personen

LAMB CHOPS

4 Lammkarrees

Die Lammkarrees waschen und das Fett abschneiden. Von allen Seiten anbraten. Das Lamm mit Marinade bestreichen und im Ofen bei 180°C (8-10 Minuten für medium rare, 10-12 Minuten für medium) garen.

MARINADE

125g Chili Paste | 40g Zucker | 25g Soja Sauce | 25 ml Mirin (Reiswein)
8g Ingwer-Knoblauch-Paste

Für die Marinade alle Zutaten in eine Schüssel geben und verrühren bis sich der Zucker auflöst.

ROTKOHLSALAT

½ Rotkohl | je ½ gelbe und rote Paprika | 1 Karotte | 50g Edamame | 10g Thai-Basilikum | 10g Koriander | 10g Minze

Rotkohl, Paprika und Karotte in dünne Streifen schneiden, in Eiswasser legen und 20 Minuten ziehen lassen. Abgießen und Edamame sowie die gezupften Kräuter dazugeben. Alles mit dem Dressing marinieren.

DRESSING

30g Palmzucker | 5 cl Limettensaft | 10g Minze | 10g Thai-Basilikum | Salz, Pfeffer

Den Zucker in 30 ml Wasser auflösen, Limettensaft und die kleingeschnittenen Kräuter dazugeben. Alles verrühren und mit Salz und Pfeffer abschmecken.

MASALA-JOGHURT

400g Joghurt | 10g rotes Chilipulver | 4 cl Zitronensaft | 5g Cumin (Kreuzkümmel) | 10g Minze

Die Minze zupfen und klein schneiden. Alles zusammen in eine Schüssel geben und vermischen.

ANRICHTEN

Salat mittig auf den Teller setzen, Masala-Joghurt als Sauce um den Salat geben. Das Lamm mit Marinade bestreichen und an den Salat setzen. Mit Kräutern (Minze, Koriander) dekorieren.

ROLAND JACQUES FREDERICQ

FREISCHWIMMER // PARALLELWELT // WEGGEDRIFTET

Erst muss man eine Treppe hinab und durch ein kleines Eisentor. Dann betritt man eine andere Welt. Der Freischwimmer ist eine der vielen Berliner Parallelwelten, die an unvermuteten Orten eine kurze Flucht aus dem Alltag bieten. Die ehemalige Bootswerkstatt von 1932 ist, verwunschen am Wasser vom Kreuzberger Flutgraben gebaut, eine eskapistische Idylle, zusammengewürfelt aus Holzhütten, Pavillons, überwucherten Gärten und Terrassen, romantisch aber nicht kitschig, weggedriftet aber nicht abgelegen. Hier ist das Publikum wirklich schön bunt gemischt; denn im Freischwimmer trifft man Sonnenanbeter, Nachtschwärmer, Wolkengucker und Wasserratten aus Berlin und anderswo. Am Feuer steht Roland Jacques Fredericq und grillt für sie alle. Der kulinarisch umtriebige Franzose sucht höchstpersönlich das Fleisch für den Freischwimmer-Grill aus und legt Wert auf beste Qualität.

RINDERFILET MIT GORGONZOLA UND NASHI-BIRNE

Für 4 Personen

320g La Ratte Kartoffeln | 80 ml Rapsöl | 320g Schmand | Meersalz, Pfeffer | 8 Frühlingszwiebeln
1 kg Rinderfilet (4 Scheiben á 250g) | 40 ml Olivenöl | 4 Scheiben Nashi-Birne
4 Scheiben Gorgonzola, fingerdick | 2 Walnüsse | 1 Radicchio | 8-12 Chicoréeblätter
4 mittelgroße Champignons | 8-12 Stiele Petersilie | 8 Schnittlauchhalme

Die Kartoffeln gewaschen und ungeschält in reichlich Salzwasser 12 Minuten kochen und dann abgießen. Schmand mit dem Rapsöl glatt rühren, mit Salz und Pfeffer würzen, dann die geschnittenen Frühlingszwiebeln (ein paar Röllchen für die Garnitur aufheben) dazugeben. Das Olivenöl in der Pfanne erhitzen und die Filets ungewürzt von allen Seiten anbraten, danach mit Pfeffer und Salz würzen.

Die Filets in den auf 100°C vorgeheizten Backofen oder auf dem Grill mit Oberhitze ca. 8 Minuten ziehen lassen. Danach die Nashi-Birnenscheiben auf die Filets geben und den Gorgonzola darüber verteilen, zuletzt je eine halbe Walnuss auf den Gorgonzola setzen. Das Ganze bei 120°C gratinieren, bis der Käse zerläuft.

Salat waschen und aus je ca. 3 Radicchioblättern ein Körbchen basteln, dieses auf die Chicoréeblätter setzen. Mit den geschnittenen Champignons, dem Rest der Frühlingszwiebel, der grob gehackten Petersilie und den Schnittlauchhalmen garnieren. Auf die La Ratte Kartoffeln einen Klecks Schmand geben und servieren.

SAMUEL GATZHAMMER ANDREAS MOSER

HOPPETOSSE // ERFRISCHEND // SURREAL

Alle Mann an Deck! Abends auf der Hoppetosse: Sanft vom glitzernden Wasser der Spree geschunkelt, auf dem Sommerdeck den Sonnenuntergang und ein beinahe schon surreal gutes Berlin-Panorama genießen. Geht noch mehr maritimes Feeling? Ja, mit einem Glas gekühltem Weißwein und gegrillten Meeresfrüchten von Samuel Gatzhammer und Andreas Moser, beide verantwortlich für die unkomplizierte saisonale Küche auf dem beliebten Restaurantschiff. Die Hoppetosse ist übrigens ein Schiff mit Vergangenheit. Lange bevor sie an der Spree angedockte, schipperte sie in den 20er Jahren als Luxus-Passagierschiff auf der Nordsee herum.

MEERESFRÜCHTE-SALAT VOM GRILL

Für 4 Personen

2 kg frische Meeresfrüchte (Garnelen, Calamaretti, Miesmuscheln, Jakobsmuscheln, Venusmuscheln, Schwertmuscheln) | ½ Bund Blattpetersilie | 1 Limette (Saft und Schale) | 1 frische rote Chili | 1 Hand voll frische Minze Natives Olivenöl | ½ Bund Schluppen | grobes Meersalz | Pfeffer | 1 große Fleischtomate

Zum Räuchern frische Kräuter nach Wahl (z.B. Kaffirblätter, Dill, Lorbeer), geschlossener Grill oder feuerfeste Form zum abdecken des Grillgutes.

Grill anfeuern. Meeresfrüchte gut waschen. Petersilie, Minze, Chili und Schluppen fein hacken und in eine Schüssel geben. Mit Olivenöl, Limettensaft und -abrieb, Salz und Pfeffer abschmecken.

Fleischtomaten grillen. Nun die frischen Kräuter (Dill, Kaffirblätter, Lorbeer) direkt auf die Glut und die Meeresfrüchte auf den Grill legen, Deckel schließen bzw. eine feuerfeste Form über das Grillgut legen. Meeresfrüchte ca. 3-5 Minuten auf dem geschlossen Grill garen. Die Meeresfrüchte sollten glasig sein, auf jeden Fall nicht übergart.

Die Meeresfrüchte in die Schüssel geben und die gegrillte Tomate grob gehackt dazugeben. Alle Zutaten vermischen und mit Olivenöl, Limettensaft, Salz und Pfeffer abschmecken.

Location mit sensationellem Spreeblick trifft Radiosender für Berliner Kreativszene. Aus dieser Hauptstadt-Romanze ist der FluxBau entstanden. Restaurant, Bar, Club, Konzertspot und eine Terrasse direkt auf der Spree - da gibt es für Freunde guter Musik und guter Küche überhaupt nix zu meckern. Die Köche Frederik und Iannis haben sich während ihrer Lehre im Hotel Adlon kennengelernt. Ihr Motto „Aus weniger mach mehr" beschert den Gästen glückliche Momente der kulinarischen Schlichtheit auf dem Teller. Guter Fisch ist guter Fisch und gutes Fleisch ist gutes Fleisch. Gutes Gemüse ist sowieso gut und kann durch nichts ersetzt werden. Und wenn die Beiden an Sommer denken? Dann denken sie an Kräuter und grinsen sich an.

FREDERIK JAGLA IANNIS RITTER

FLUXBAU // SPREE // FREUNDE

SCHWEINEBAUCH

Für 4 Personen

1 Sellerie | 2 Karotten | 2 große Zwiebeln | 1 EL Tomatenmark | 500 ml Rotwein | 1 l Gemüsebrühe
800g Schweinebauch | 300g Schweinerippchen | 2 EL Hoisin-Paste | 2 EL Zuckerrübensirup
800g Süßkartoffel | 1 Zweig Thymian | Olivenöl | grobes Meersalz | Pfeffer | brauner Zucker | 100 ml Rahm
50g Butter | 4 Jakobsmuschel | 1 Zitronengrasstängel | Butter, Knoblauch | 2 EL Sesamöl | 250g Zuckerschote
250g Salatgurke | 1 unbehandelte Zitrone | 1 EL gerösteter Sesam

Sellerie, Karotten und Zwiebeln im Topf goldbraun anrösten, Tomatenmark hinzugeben, karamellisieren lassen. Mit Wein ablöschen, Brühe auffüllen. Den Schweinebauch mit der Schwarte nach unten in eine mit Wasser gefüllte Pfanne legen und die Schwarte auslassen, im Anschluss ein feines Gitter in die Schwarte schneiden. Danach den Schweinebauch in die Flüssigkeit legen, sodass die Schwarte aus der Flüssigkeit herausragt. Bei ca. 160°C in einem Bräter für ca. 3 Stunden in den vorgewärmten Ofen stellen.

Wenn der Schweinebauch gar ist, den Ofen auf ca. 240°C aufheizen und die Schwarte knusprig werden lassen. Die Rippchen in einem Bräter anbraten und dann zur Seite legen. Den Bratensatz mit dem Schmorfond ablöschen und die Rippchen darin schmoren. Die gegarten Rippchen nach etwa 1,5 Stunden entnehmen, den Fond abseihen und reduzieren lassen, bis er zähflüssig ist.

Die Hoisinpaste und den Zuckerrübensirup in die einreduzierte Sauce geben. Die Rippchen müssen vor dem Servieren mit der Sauce überzogen werden. Die Süßkartoffeln jeweils einzeln mit einem Zweig Thymian, etwas Olivenöl, grobem Meersalz und Pfeffer in Alufolie einwickeln und im Ofen bei 180°C, je nach größe der Kartoffel, 45 Minuten backen bis sie gar sind. Die gegarten Kartoffeln schälen, stampfen und mit Salz, Pfeffer, etwas braunem Zucker abschmecken, Butter und Rahm unterrühren.

Die Jakobsmuscheln vom Muskel trennen und salzen. In einer heißen Pfanne von beiden Seiten anbraten, eine Flocke Butter, einen Schnitzer Zitronengras, etwas angedrückten Knoblauch beigeben, durchschwenken und alles auf ein Abtropftuch geben. Vor dem Servieren den Schweinebauch im Ofen auf Temperatur bringen. In einer Pfanne das geröstete Sesamöl erhitzen, in welchem die in Julienne geschnittene Salatgurke und die in Raute geschnittenen Zuckerschoten heiß angebraten werden. Gerösteten Sesam sowie einen Spritzer Zitronensaft dazugeben und zuletzt das Ganze mit Zucker, Salz und Pfeffer abschmecken. Alles auf vorgewärmten Tellern anrichten.

KANINCHENROULADE IM PANCETTA-MANTEL MIT BÄRLAUCHPÜREE, WACHTELEIERN UND WILDKRÄUTERN

Für 4 Personen

2 Bund Bärlauch | 300g Blattspinat | 1 Karotte | ¼ Sellerieknolle | 2 Schalotten
¼ Fl Portwein | 1 Kaninchenkeule ohne Knochen | 80g geriebenes Brot | ¼ l Sahne | 1 Eigelb | 2 Kaninchenrücken | 10 Scheiben dünn geschnittener Pancetta | 8 Wachteleier | 1 Bund Radieschen | 1 Schale Wildkräuter
1 Schale Hornveilchen | 2 Schalen Affila-Kresse | Zitrone, Olivenöl, Salz, Zucker, Pfeffer

Bärlauch und Blattspinat blanchieren, in Eiswasser abschrecken, in ein Sieb geben, pürieren. Die Masse in ein Passiertuch geben, abtropfen lassen und das Grün erneut in einen Bechermixer geben. Bei Bedarf nochmals in ein Passiertuch hängen bis das Püree die richtige Konsistenz hat. Zuletzt mit etwas Zitrone, Salz, Zucker und weißem Pfeffer abschmecken.

Karotten und Sellerie in Brunoise schneiden und blanchieren. Schalotten in Brunoise schneiden, in einer Sauteuse glasieren, mit Portwein ablöschen und alles zu einer dickflüssigen Reduktion einkochen lassen. Aus dem Fleisch der Keule, den Semmelbröseln, der Sahne und dem Eigelb eine Kaninchenfarce herstellen und am Ende die erkaltete Portweinreduktion, blanchierte Karotten- und Selleriebrunoise zur Farce geben und mit Salz und Pfeffer würzen.
Den Rücken der Länge nach aufschneiden, zwischen zwei Folien leicht plattieren und mit etwas Salz und Pfeffer würzen. Nun mit der Farce besteichen und einrollen.

Den dünn geschnittenen Pancetta auf einer Klarsichtfolie auslegen, die Roulade auf dem unteren Ende des Pancettas platzieren. Nun die Roulade fest in die Klarsichtfolie einrollen, an den Seiten verknoten und möglichst fest in Alufolie einwickeln. Wasser in einem hohen Topf auf 80°C erhitzen. Die Rouladen müssen je nach Größe ca. 20 Minuten garen, bzw. bis ca. 65°C Kerntemperatur erreicht sind. Ca. 1 Liter Wasser in einer kleinen Sauteuse zum Kochen bringen, ein Loch in die Wachteleier stechen und diese in 2:40 Minuten wachsweich kochen.
Die Eier in Eiswasser abschrecken. Die Kaninchenrouladen auspacken und eine beschichtete Pfanne auf den Herd stellen. Die Rouladen in die sich allmählich erhitzende Pfanne legen, um den Pancetta langsam auszulassen, und rundherum anbraten. Das Kräuterpüree dekorativ auf den Teller geben und mit den halbierten Wachteleiern, Radieschenstiften, der Kresse und den Hornveilchen ausgarnieren. Die Wildkräuter mit etwas Zitronensaft, Olivenöl, Zucker und Salz marinieren, dann den Salat auf den Teller und die noch warme, dünn aufgeschnittene Roulade dazulegen.

„MÜLLERS“ GROBE BRATWURST BERLIN 2013

Für 4 Personen

5 kg Schweineschulter ohne Schwarte | 1 kg Kalbsbrät | 2 Bund Blattpetersilie | 1 Bund frischer Koriander | 500g Salz | 80g Pökelsalz | 50g schwarzer Pfeffer, frisch gemahlen | 200g Gewürzmischung (gerösteter Koriander – Piment – Macis) | 0,5 kg Schalotten | Abrieb von 5 Zitronen | Prise Muskat | Prise Cayennepfeffer

Die Schweineschulter von Sehnen und Knorpeln befreien, in grobe Stücke schneiden und durch den Wolf mittlere Scheibe lassen. Mit Salz, Pökelsalz, Zitronenabrieb und Gewürzen würzen. Das Kalbsbrät mit den Zwiebelwürfeln und gehackten Petersilie nochmals gut durchmixen (kuttern), zu dem gewürzten Fleisch geben und gut vermischen. Danach in eine Füllmaschine geben und in Lammdärme (Saitlinge) füllen. In beliebiger Größe abdrehen, danach braten. Oder bei 80°C ca. 30 Minuten kochen und räuchern.

Käpt'n Käppler schippert mit seinem River-Snack-Boot die Havel rauf und runter. Von Spandau nach Wannsee und wieder zurück. Vom ersten Sonnenstrahl des Jahres bis zum ersten Eis. Wenn sein Boot am Horizont auftaucht, kommt Leben an die Strände. Denn an Bord hat Alexander Käppler kühle Getränke, Eis und die berühmte Strandwurst im Brötchen. Fröhliche Kinder und entspannte Erwachsene sind seine Kunden. Käpt'n Käppler hat vor fünf Jahren seine Angel ausgeworfen und seinen Traum an Land gezogen: Freiheit, Wasser, gute Wurst, Menschen glücklich machen.

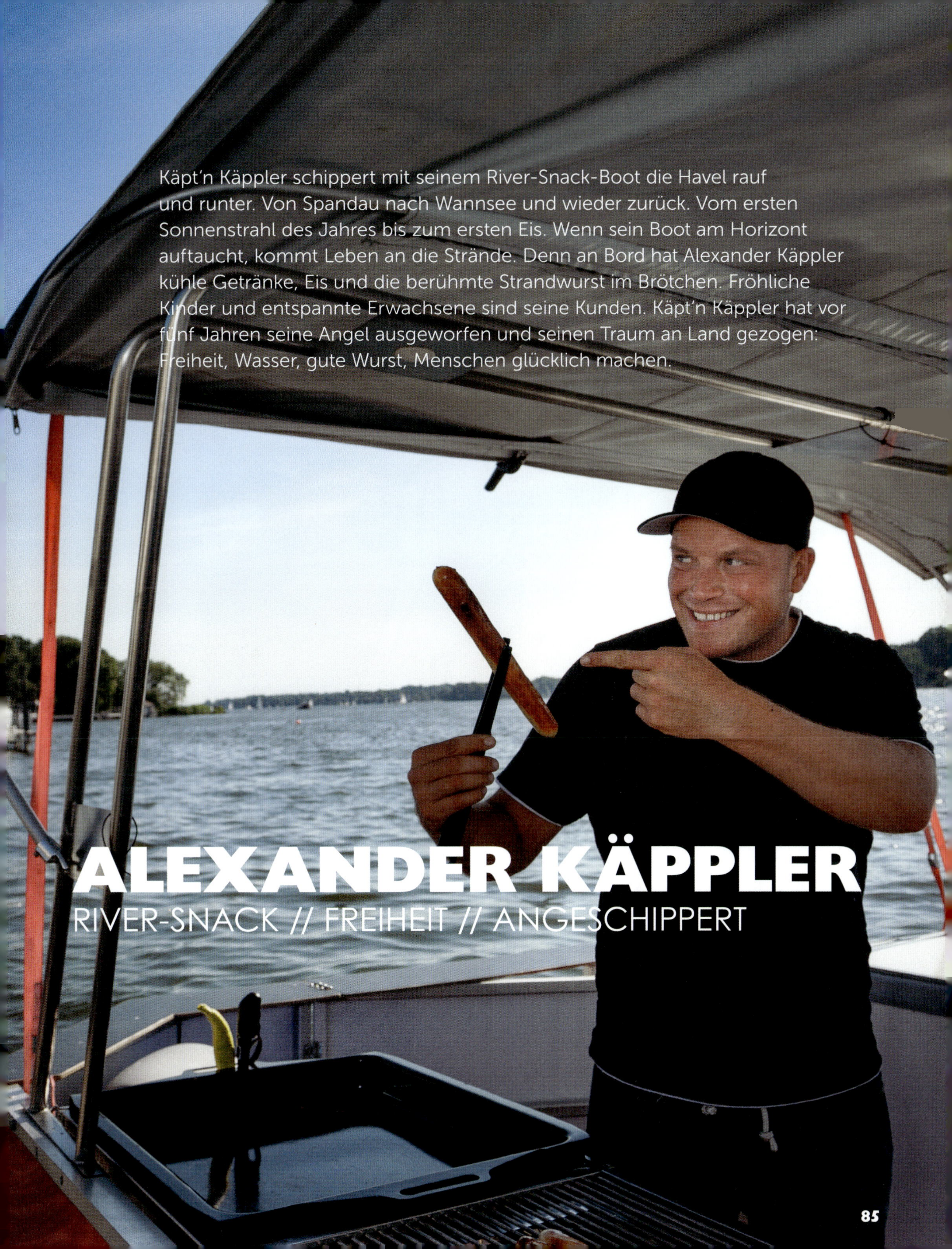

ALEXANDER KÄPPLER

RIVER-SNACK // FREIHEIT // ANGESCHIPPERT

Vor nicht allzu langer Zeit war Berlin quasi eine Eiswüste. Kein gutes Eis, nirgends. Falk Rahn war einer der ersten unter den passionierten Eispionieren, die die Berliner Eiswüste zum Blühen gebracht haben. Er wollte einfach gutes handwerklich hergestelltes Berliner Eis machen. Das ist ihm gelungen. Die Berliner danken es ihm mit einem andauernd großen Ansturm. Von Sorten wie Caramel Beurre salé, Nougat de Montélimar mit Marillen und sizilianische Pistazie schwärmt die ganze Stadt. Vanille & Marille hat von Kreuzberg aus Berlin erobert. Mittlerweile gibt es schon vier Eisdielen, Tendenz steigend.

FALK RAHN

VANILLE & MARILLE // PIONIER // AUFGETAUCHT

SESAM MIT KARAMELLISIERTEM HONIG

500 ml Milch | 60 ml Sahne | 100g Zucker | 40g Milchpulver | 20g Traubenzucker | 60g Tahin (Sesampaste), gibt' s „beim Türken" | 1 gehäufter EL Honig | 1 Msp. Salz

Die Milch erhitzen, dann die miteinander vermischten Trockenzutaten mit einem Mixerstab unterrühren. Wenn die Masse lauwarm ist, die Sahne dazugeben. Während die Milchmasse auskühlt, einen gehäuften Esslöffel Honig bei mittlerer Hitze in einem kleinen Topf karamellisieren, bis der Honigschaum etwas brauner wird. Anschließend wird die Sesampaste (z.B. Tahin) mit dem Honig vermischt. Die noch warme Honig-Sesam-Mischung mit der Milchmasse – ebenfalls mit dem Mixerstab - rühren. Den im Kühlschrank ausgekühlten Eismix je nach den Angaben des Herstellers der Eismaschine weiter verarbeiten.

Alternativ: Wenn keine Eismaschine vorhanden, einfach die Mixtur in eine Schüssel geben und ins Gefrierfach stellen. Die Masse alle 30 Minuten kräftig mit dem Schneebesen durchrühren, bis die Masse wieder homogen ist. Wie oft dieser Vorgang wiederholt werden muss, hängt von der Temperatur des Eisfaches ab. Wenn sich eine dickere (etwa 1 cm) gefrorene Schicht auf der Oberfläche gebildet hat, soll das Eis nicht mehr umgerührt werden, sondern komplett durchfrieren.

2012 WEINGUT PFANNEBECKER, CUVÉE ROSÉ, PFEDDERSHEIM, RHEINHESSEN

Im rheinhessischen Pfrimmtal als Stadtteil der Nibelungenstadt Worms gelegen, ist Pfeddersheim in Weinberge eingebettet. Seit dem Jahrgang 2007 werden die Reben beim Weingut Pfannebecker kontrolliert ökologisch bewirtschaftet. Im Glas findet sich ein zart lachsfarbener Wein. Kraftvoll-herber Duft von frisch geschnittenem Gras, Kräutern, Zitrone und Erdbeeren. Im Mund verbreitet er eine zarte anregende Bitterlichkeit bei hintergründiger Erdbeerfrucht viel Frische und macht saftig Lust auf den nächsten Schluck. Spätburgunder, Schwarzriesling, Cabernet Sauvignon und Merlot. Passt zu: Wiesenchampignon-Quiche und Hühnerbrust mit Estragonsauce

2011 „CLOS DE ROUGEMONT", ABBAYE DE MARMOUTIER, DOMAINE VIGNEAU-CHEVREAU, VOUVRAY AC

Anders als Riesling oder Sauvignon, braucht Chenin Blanc immer eine gewisse Zeit, um zu seinem aromatischen Ausdruck zu kommen. Belohnt wird man durch den Beweis, dass ein Weißwein große Kraft und gleichzeitig große Finesse besitzen kann – und wie aufregend und facettenreich ein Wein sein kann. Es ist ein Wein, der den unaufmerksamen Weintrinker gnadenlos austrickst: Er beginnt mit großer Zurückhaltung, scheint zwar fein, aber doch unscheinbar zu sein und wenn man seine Entwicklung im Mund nicht weiter verfolgt, scheint das Erlebnis zu Ende zu sein. Aber dann meldet er sich wieder – ein Wein auf den zweiten Blick sozusagen. Rein, stark und filigran zugleich breitet er sich aus und will nicht gehen! Passt zu: in der Folie gebackenem Lachs, Knoblauchtomaten, gegrilltem Gemüse, Halloumi und Knoblauchtoast, gegrillte Gambas mit Aiolli

CHAMPAGNE GALLIMARD, CUVÉE DE RESERVE BRUT, CHAMPAGNE AC

Der Champagne Gallimard Brut „Cuvée de Réserve" ist ein komplexer Champagner aus Les Riceys im Département Aube. Sehr ausgewogen, sanft, dabei erfrischend, mit guter Nachhaltigkeit und Noten von weißen Blüten, Minze, Bisquit und Gewürzen. 100 % Pinot Noir. Passt zu: geeisten Felsenaustern mit Zitrone, Rucola Parmesan Salat, Merguez oder Chipolatas

2009 LE GALANTIN BANDOL, DOMAINE LE GALANTIN, BANDOL AC

Küstennah zwischen Marseille und Toulon liegt die Appellation Bandol. 95 % Mourvèdre, 5 % Grenache. Mourvèdre lässt sich selbst unter mediterranen Bedingungen nicht einfach kultivieren: Sommerliche Hitze bei ausreichender Wasserversorgung der Wurzeln sind zwei Voraussetzungen, die nur schwer zugleich einlösbar sind. Dazu kommen Anfälligkeit für Winterkälte, ausgesprochen später Austrieb und späte Reife. Dabei entsteht aus den kleinen, dickschaligen Beeren oft ein Kraftpaket aus intensiver dunkler Frucht und muskulösem Körper, aus dem ein geschmeidiger, charaktervoller Tropfen wird. 22 Monate Erziehung in Holzbottichen haben diesem Exemplar eine attraktive Zugänglichkeit beschert. Er ist ein gezügelter Kraftbolzen von starker Persönlichkeit mit wunderbarer dunkler Beerenfrucht, gewichtig, dicht, würzig mit einem lang anhaltenden, komplexen Finale. Passt zu: Schweinerillettes, Mini-Wildfrikadellen

2012 DOMAINE DU CROS, MARCILLAC AC

Nicht weit von Conques, einem Kleinod mittelalterlicher französischer Sakralkunst, befindet sich die noch immer fast gänzlich unentdeckte Rotweinappellation Marcillac. Auf vom Eisenoxyd rotgefärbten vulkanischen Böden der westlichen Zentralmassivausläufer, in eher kühlem Klima, wird eine der ganz autochthon gebliebenen Rebsorten Frankreichs angebaut: die Fer Servadou oder Mansois. Ihr eigenwilliger Charakter ist bestimmt durch tiefe Farbintensität und präsente, vom taktilen Eindruck her jedoch feinkörnige und milde Gerbstoffe. Zu ihr gesellen sich durch den Granit- und Kalkboden geprägte mineralische Noten, die dem Rotwein ein spannungsvolles Gepräge im Zusammenspiel mit seiner würzigen Frucht geben. Das Ganze, im Eindruck eher als kühl aber gar nicht abweisend Empfundene, wird durch eine ganz dezente Süße im Mund vervollständigt und abgerundet. Ein sehr origineller und eigenständiger Wein. Passt zu: geschmorter Lammkeule mit Knoblauch und Sardellen, kaltem würzigen Roastbeef mit eigenem gelierten Saft und Kräuterkartoffeln

CATHARINA D‘APRILE

VINUM // GENIESSEN // ANGEBISSEN

Abseits vom Strom findet Catharina d’Aprile die Weine, die ihr am meisten Spaß machen. Weine für den zweiten Blick, oder besser gesagt, den zweiten Schluck. Weine, die darauf warten, entdeckt zu werden. Eine Welt ohne Wein mag sich die studierte Germanistin Catharina d’ Aprile nicht vorstellen. Dann gäbe es ja auch keinen Champagner zum Sommerpicknick! Undenkbar. Wein ist für die Inhaberin des Charlottenburger Weinladens Vinum ein Kulturgut. „Wenn wir einen Wein trinken, dann ist das wie eine kleine Reise in seine Heimat“, sagt Catharina d’Aprile, „Man kann in den Wein eintauchen, wie in ein gutes Buch und seine Geschichte lesen.“ Wein ist also Lesestoff, im wahrsten Sinne des Wortes.

WONDERLAND

20 ml Limettensaft | Rohrzucker | 1 Passionsfrucht | frische Minze | Grapefruitsoda

Ein paar Blätter Minze, den weißen Rohrzucker, 20 ml frischen Limettensaft und eine ausgelöste Passionsfrucht ganz kurz und leicht andrücken und dann mit Crushed Ice und Grapefruitsoda auffüllen. Verrühren und nochmals mit etwas Crushed Ice toppen. Mit Minze garnieren und genießen.

THE HENRY

40 ml Lillet Blanc | ¼ Limette | Elderflower Tonic | frische Minze

Eiswürfel, Limette und Lillet Blanc ins Glas. Mit Tonic auffüllen und mit Minze garnieren.

Die Nase im Wind an der Amano Bar hat Barchef Philip Bischoff. Zusammen mit seinem preisgekrönten Team schafft er es, in Berlins Mitte Barflys aller Couleur glücklich zu machen. Einheimische, Drinkverliebte, Touristen und Connaisseure finden in der urbanen Bar im eleganten schwarz-braunen Design ihren Platz. Die Amano Bar bietet Sitznischen für Pärchen, Thekenplätze mit Blick auf das Bargeschehen, Sofas für Freundesgruppen und eine Dachterrasse mit perfekter Mitte-Aussicht. Innerhalb kürzester Zeit hat die Amano Bar die Herzen der Berliner Mitte erobert. Das neue to do an lauen Sommerabenden? Auf der Dachterrasse mit einem exzellenten Drink in der Hand in die untergehende Sonne blinzeln! Mehr Sommer geht doch kaum.

PHILIP BISCHOFF

AMANO BAR // PREISGEKRÖNT // ATMOSPHÄRISCH

FEUER & FLAMME

FEUER
ROT
BBQ
FLEISCH

VON GRILLANZÜNDERN, FLAMMENWERFERN & FETISCHISTEN

Eins ist gewiss: Berlin ist die Hauptstadt des Grillens. Es ist ein viel zitiertes, oft bestauntes und recht rätselhaftes Phänomen, dass sich alljährlich mit den ersten wärmenden Sonnenstrahlen in den Parks, Gärten und an den Ufern der Stadt manifestiert. Bunt gemischte Grüppchen füllen die Rasenfläche und haben alle trotz offensichtlicher ethnischer und sozialer Unterschiede eines gemeinsam: sie schmeißen ihren Grill an und grillen. Wie auch immer und was auch immer. Der Grill als Fetisch? In Berlin gilt im Sommer genauso wie für den Rest der Welt: Der Mensch isst, was er grillt. Seitdem die Menschheit gelernt hat das Feuer zu beherrschen, wandern entsprechend den kulinarischen Bräuchen und Gegebenheiten Mammuts, Heuschrecken, Maiskolben, Meerschweinchen, Wollschweine oder veganer Käse auf den Grill. Hauptsache es brutzelt, zischt, dampft und qualmt. Hauptsache man steht mit Freunden neben einem Grill und hat ein Bier in der Hand. Hauptsache der Sommer macht Spaß.

Feuer im großer Terrassengrill vor dem Sage- Restaurant

SUSANNE BORMANN

SCHAUSPIELERIN // KOSTBAR // NICHT ZU BREMSEN

Wenn die Sonne scheint denkt Schauspielerin Susanne Bormann „nichts wie raus" und schwingt sich auf ihr Fahrrad. Zuerst fährt sie zum Wochenmarkt am Arkonaplatz im Prenzlauer Berg. Zielstrebig steuert sie auf den Steckerlfisch-Stand zu, der an der Südseite des Platzes gegrillten Fisch anbietet. Den isst sie am Liebsten. Der Wochenmarkt ist im Sommer auch ein Treffpunkt mit den Freunden. Susanne Bormann liebt es, wenn sich das Leben im Sommer auf die Straße und in die Parks verlegt. An heißen Sommertagen zusammen draussen sitzen, gemeinsam essen und trinken und Pläne schmieden für Grillabende im Hof oder im Volkspark Friedrichshain. Danach in einem der vielen Open Air Clubs die Nacht im Freien durchtanzen. Bis zum Sonnenaufgang. Dann verwandelt sich die Stadt in eine Kulisse und man erlebt in Berlin Szenen wie aus einem Film. Kostbar ist ihr der Sommer in Berlin. Kostbar, weil er so wunderbar ist und weil die Schauspielerin im Sommer oft unterwegs ist. Sie ist im Sommer eben nicht zu halten.

Susanne Bormann auf dem Wochenmarkt am Arkonaplatz

Im Rutz fällt es schwer, sich zu entscheiden. Unten wird die deutsche Esskultur zelebriert, oben wird auf Sterneniveau gekocht. Marco Müllers Küche ist geprägt von radikaler Frische und seinen charismatischen Saucen. Der Sternekoch vom Restaurant Rutz will mehr als Auszeichnungen und Renommee. Das kann doch nicht alles im Leben sein! Ihn treibt die Suche nach den besten Produkten in die Region und zur Zusammenarbeit mit ausgewählten Viehzüchtern und Landwirten. Sogar Pflanzplanungen macht er, damit Küchenplanung und Landwirtschaft sinnvoll einher gehen. Sein ist der Wunsch, das Wollschwein zu kennen, bevor er es grillt. Zu wissen, wo es herkommt und, dass es ein Leben geführt hat, wie es sich für ein Wollschwein gehört. Sein ist die Begeisterung über eine süße Walderdbeere, eine gute Blutwurst oder einen Korb voller frischer Kräuter. Und die Freude über eine schöne selbstentfachte Glut beim sommerlichen BBQ mit Freunden.

MARCO MÜLLER

RUTZ // RADIKAL FRISCH // ENTFACHT

WOLLSCHWEIN-BBQ-RIPPCHEN & BLAUMOHN, BRETONISCHE GARNELE, PARMESANSPINAT

Für 4 Personen

BBQ-SAUCE FÜR RIPPCHEN

1,7 kg Dosentomaten, geschält | 0,7 l Coca Cola | 0,35 l Sojasauce, schwach gesalzen | 0,2 l Hefeweizenbier
4 Stiele Basilikum | 2 Stiele Thai-Basilikum | 5 Stiele Koriander | ½ Knoblauchknolle, geschält und gehackt
1 Zitrone (Abrieb) | 2 Chilischoten, nicht scharf | 2 Tomaten | 1,5 kg rote Paprika, ohne Haut, angegrillt und-püriert | 7g Koriandersaat, geröstet und angeschlagen | 15g Ingwer, gerieben | 2 EL Honig | 1 TL Piment d´ Espelette | 4 EL natives Olivenöl | 2 TL Sesamöl | ½ TL Kreuzkümmel | 1 EL Hoisin Sauce

Dieses Rezept ist relativ simpel, aber von großem Geschmack. Drei Handgriffe müssen hier parallel laufen: Die Dosentomaten auf kleiner Flamme so weit einkochen, bis fast nur noch ein Brei übrig ist. Die Cola auf 200 ml in einem anderen Topf einkochen. Die Sojasauce und das Bier ebenfalls auf die Hälfte einkochen. Dann alles zusammen mit den restlichen Zutaten vermengen, abdecken und für 6 Stunden kalt stellen. Nun die BBQ- Sauce nur noch durch ein Sieb geben und abschmecken.

GEGRILLTE WOLLSCHWEIN-RIPPCHEN

6 Seiten Wollschwein-Rippchen | 45g rotes Tandoori-Pulver | 15g Ingwerpulver | 13g weisser Sesam, geröstet und gemahlen | 13g Kreuzkümmel, geröstet und gemahlen | 30g Koriandersaat, geröstet und gemahlen
65g Senfsaat, geröstet | 75g Knoblauchpulver | 17g Piment d´Espelette | 2g Rosmarinpulver | 2g Majoranpulver
4g Liebstöckelpulver | 40g Honig | 0,75 l Bier auf 300 ml reduziert | 25 ml Rauchöl | 100g Pökelsalz
10g Sel rose | Haushalts-Vakuumierer | etwas Blaumohn, geröstet

Zuerst alle Gewürze vermengen und die Schweinerippchen darin einlegen, mit einer Folie abdecken und für 24 Stunden kühl stellen. Dann die Rippchen aus der Beize nehmen, unter kaltem Wasser kurz abwaschen und vakuumieren. Die Rippchen bei 100°C bei trockener Hitze für ca. 2,45 Stunden garen, bis sie zart und saftig sind. Zum Grillen die Rippchen aus dem Beutel nehmen und mehrfach mit der BBQ-Sauce bestreichen. Zum Servieren die gegrillten Rippchen mit geröstetem Blaumohn bestreuen und portionieren.

INGWER-SAUERRAHMSCHAUM (ESPUMA)

20g Ingwer, geschält | 250 ml Landmilch, 3,5 % | 160g Sauerrahm
Meersalz | Honig | weisser Balsamico | Prise Pfeffer | ½ EL pro Espuma

Den geschnittenen Ingwer in der warmen Milch ca. 1 Stunde ziehen lassen, nicht kochen, anmixen und durch ein feines Sieb geben. Dann 40 ml von der Ingwermilch mit dem Sauerrahm vermengen und abschmecken. Die Masse abkühlen lassen und in einen Sahnesyphon oder isi Espuma füllen. 1 ½ isi Einweg-Sahnekapseln zugeben, schütteln und den Schaum an das Gericht sprühen.

KAROTTENPÜREE

500g gelbe Gartenkarotten, geschält | 5 Schalotten, feine Würfel | 20 ml Nussbutter*
330 ml Karottensaft, auf 100 ml reduziert | 400 ml Geflügelfond, auf 100 ml reduziert
20g mehlige Kartoffeln | Zitronensaft | Muskat | Prise Pfeffer | Honig

Die geschnittenen Karotten und Schalotten in der Nussbutter farblos anschwitzen, mit Karottenfond, sowie Geflügelfond ablöschen. Kartoffeln zugeben und darin auf kleiner Flamme weich kochen. Das Ganze in einem Mixer pürieren, durch ein feines Sieb streichen und abschmecken.

*NUSSBUTTER

1 Stück Butter in einen Topf geben, zerlassen und bei mittlerer Hitze die enthaltene Molke-Flüssigkeit reduzieren. Wenn der Punkt erreicht ist, wo die Flüssigkeit fast restlos verdampft ist, aufpassen! Nun so lange den Topf auf dem Herd lassen bis die Molke anfängt sich goldbraun einzufärben, so wie man es von brauner Spargelbutter kennt. Zum Schluss alles durch ein feines Sieb oder Tuch geben, fertig.

KAROTTENSAFT GELIERT

2 Schalotten, feine Würfel | 1 Msp. Knoblauch, gerieben | 15g Ingwer, geschnitten | 10g Butter
200 ml frischer Karottensaft | 1/6 Chilischote, süß | Zitronensaft | Meersalz | Muskat | 1 Msp. Cumin
2 EL Honig | 1 TL Sesamöl | 3 Msp. Piment d´Espelette | 1g Agar Agar

Die Schalottenwürfel, den Knoblauch und den Ingwer in der Butter anschwitzen und den Karottensaft zugeben. Dann die Chilischote, Zitronensaft, Meersalz, Honig, Muskat, Cumin hinzugeben und alles 10 Minuten bei mittlerer Flamme köcheln lassen. Jetzt mit Sesamöl und Piment d´Espelette abschmecken und durch ein Sieb geben. 100 ml Flüssigkeit zurück in den Topf geben und mit Agar Agar im kochenden Zustand binden. Nun vom Herd nehmen und abkühlen lassen. Zum Schluss noch einmal abschmecken und mit einem Mixer samtig pürieren. Zum Servieren in eine kleine Spritzflasche füllen und nach Belieben garnieren.

BABYSPINAT MIT NUSSBUTTER-PARMESANSCHMELZE

500g feiner junger Spinat, gewaschen | 50g Nussbutter* | 2 EL frisch gerösteten weißen Sesam
5 Zweige frischen Koriander | ca. 20g Parmesan | Meersalz nach Bedarf

Alles außer dem Spinat in einen Mixer geben und soviel Parmesan zugeben, bis eine homogene Masse entsteht, dann durch ein Sieb geben. Die Spinatblätter in feine Streifen schneiden und die Schmelze kalt darüber geben, dann sofort servieren.

ROSMARINGEL

200 ml weißer Tomatenfond | 1/3 Bund Rosmarin | 1g Agar Agar | 1 Blattgelatine
1 TL Chlorophyll von Spinat | Rosmarinharz | Meersalz

Den Tomatenfond auf die Hälfte reduzieren und abkühlen lassen. Nun die gezupften Rosmarinnadeln darin mixen und 20 Minuten ziehen lassen, durch ein Sieb geben. Zum Schluss einmal aufkochen und mit Agar Agar binden, die aufgeweichte Gelatine zugeben und abschmecken. Nun noch das Chlorophyll und das Rosmarinharz hinzugeben und für 2 Stunden kühl stellen. Die jetzt noch feste Masse in einen leistungsstarken Mixer geben und zu einem cremigen Gelee verarbeiten. Zum Anrichten in eine Spritzflasche füllen.

PAPRIKAROLLE

2 Schalotten, gewürfelt | 1 Msp. geriebener Knoblauch | 1/6 Chilischote, süß | 10g Butter
200 ml frisch entsafteter roter Paprikasaft | Zitronensaft | Meersalz | 1 Zweig Basilikum | 1g Agar Agar

Die Schalottenwürfel, den Knoblauch und die Chilischote in der Butter anschwitzen und den Paprikasaft, sowie Zitrone und Basilikum zugeben. Alles 10 Minuten bei mittlerer Flamme köcheln lassen, abschmecken und durch ein Sieb geben und dann auf 100 ml Flüssigkeit in einem Topf reduzieren, abschmecken, aufkochen und mit Agar Agar im kochenden Zustand binden. Nun vom Herd nehmen und zum Abkühlen auf ein flaches Blech gießen. Vor dem Aufrollen in 2 cm breite Streifen schneiden.

BRETONISCHE GARNELE AUS DER GLUT

2 frische Bretonische Garnelen á 200g | 1 EL natives Olivenöl | grobes Meersalz

Zuerst die Garnelen mit etwas Olivenöl bestreichen und von beiden Seiten kurz, aber direkt auf die Glut geben (aufpassen, dass sie weder verbrennen, noch zu schnell durchgaren). Wenn die Garnelen glasig sind, aus ihrem Panzer schälen, wiederum mit Olivenöl bestreichen, mit etwas Meersalz bestreuen und portionieren.

GARNITUR

Nussbutter* | Vinaigrette | roter Rettich

Ruhig und gelassen sei er, sagen Matthias Gleiß Freunde über ihn. Wer den gradlinigen Koch mit dem anspruchsvollen aber komplett unkapriziösen Kochstil kennt, der weiß, dass das stimmt. Das Restaurant VOLT hat er mit seiner ganz eigenen Energie geladen: es ist kosmopolitisch und gleichzeitig tief mit der Stadt und ihrer Region verwurzelt. Im denkmalgeschützten Umspannwerk am Paul-Lincke-Ufer liegt der Ruhepol in der Küche, während im Gastraum eine ruhig knisternde Spannung herrscht. Matthias Gleiß hat einen elektrisierenden Sinn für das Ungewohnte: Wer gebratene Skreibäckchen mit Blutwurst und Trüffel kombiniert und Paderborner Maispoularde mit Krustentiergelee, ist kulinarisch eindeutig am Puls der Zeit. Die Zutaten von Matthias Gleiß sind oft unkompliziert & lokal, seine Küche ist immer anspruchsvoll & urban. Voll spannend!

MATTHIAS GLEIß

VOLT // RUHEPOL // ELEKTRISIEREND

DRY AGED BEEF, PFIRSICH, WILDKRÄUTER

Für 4 Personen

DRY AGED BEEF

1 kg Entrecôte (90 Tage Dry Aged) | Fleur de Sel
Pfeffermischung (Lang-, Szechuan-, Kubeben- und schwarzer Pfeffer)

Das Entrecôte grob von Fett und Sehnen befreien. Den Fettdeckel nur einritzen und am Fleisch belassen. Anschließend bei großer Hitze auf dem Grill bräunen und im Smoker bis zu einer Kerntemperatur von 52°C garen.

GRILLPFIRSICHE

8 reife, aromatische Pfirsiche

Die Pfirsiche in kochendem Wasser blanchieren und in Eiswasser abschrecken. Die Schale entfernen und Pfirsiche halbieren. Nun auf dem Grill oder in einer Grillpfanne anrösten.

FÜR DEN SUD

50g Zucker | 50g weißer Portwein | 50g Noilly Prat | 100g Wasser | 100g Pfirsichpüree
1 Zimtstange | 2 Sternanis | Salz | heller Essig

Den Zucker hell-gelb karamellisieren und mit dem weißen Portwein und Noilly Prat ablöschen. Wasser, Pfirsichpüree, sowie Aromaten zugeben, einmal aufkochen und eine halbe Stunde ziehen lassen. Durch ein Sieb passieren und mit Salz und Essig abschmecken.

WILDKRÄUTER-SALAT-MISCHUNG

z.B. Bronzefenchel | Vogelmiere | Baby Tatsoi | guter Heinrich | roter Mangold

HELLE VINAIGRETTE

1 l Geflügelfond | 3 Knoblauchzehen | 2 EL Champagner-Senf | 2 Schalotten | Rosmarin | Thymian
1,25 l Mazola-Öl | 0,5 l Olivenöl | 0,25 l Walnussöl | 0,25 l Distelöl
0,7 l Champagner-Essig | 100g Zucker | 100g Salz

Den Geflügelfond mit Knoblauch, Senf, Schalotten und den Kräutern im Mixer aufmixen, nach und nach die Öle und den Essig hinzugeben und mit Zucker und Salz würzen.

LETZTE SCHRITTE

Das Fleisch aus dem Smoker nehmen, portionieren und mit Fleur de Sel und der Pfeffermischung würzen. Die Pfirsiche im Sud leicht erwärmen. Die Wildkräuter mit der Vinaigrette marinieren.

KALBSRIPPCHEN, ERBSE, GEWÜRZ-APRIKOSE

Für 4 Personen

KALBSRIPPCHEN

2 Stränge Kalbsrippchen

Die Rippchen grob putzen. Die Marinade in einer Schüssel verrühren und mit den Rippchen vakuumieren. Nun bei 70° C 12 Stunden im Wasserbad garen. Die Rippchen auf dem Grill nachbräunen und mehrmals mit der Marinade bepinseln, um eine aromatische Kruste zu erhalten.

FÜR DIE MARINADE

300g Teriyaki-Sauce | 150g Sweet Chicken Chili-Sauce | 50g Reisessig | 100g Sojasauce | 10g geröstetes Sesamöl | ½ Bund Koriander | 3 Knoblauchzehen | Haushalts-Vakuumierer

ERBSEN-EMULSION

300g Erbsen | 150g Gemüsefond | 50g Olivenöl | 2 Bio-Limetten (Abrieb)
1 Msp. Xanthan | Salz | Pfeffer | Spritzflasche

Erbsen in Salzwasser weich kochen, in Eiswasser abschrecken und mit den anderen Zutaten möglichst fein mixen. Durch ein feines Sieb passieren. Mit Salz und Pfeffer abschmecken und in eine Spritzflasche füllen.

GEWÜRZ-APRIKOSEN

500g Trocken-Aprikosen | 100 ml Cidre-Essig | 100g Zucker | 1 Lorbeerblatt | 3 Pimentkörner
10 Pfefferkörner, weiß | 1 Sternanis | 2 Kardamomkapseln | ½ Zimtstange

Die Aprikosen mit Essig, 100 ml Wasser, dem Zucker und allen Gewürzen aufkochen. Alles 2 Tage ziehen lassen.

PAPRIKAGEL

300g Saft von roter Paprika | 1 Bio-Orange (Abrieb und Saft) | 13g Agar Agar
Salz | Pfeffer | geräuchertes Paprikapulver | Spritzflasche

Den Paprikasaft mit Orangensaft und -abrieb, sowie dem Agar Agar aufkochen und im Kühlschrank erkalten lassen. In einem Mixer zu einer homogenen Masse mixen, mit den Gewürzen abschmecken und durch ein Sieb passieren. Bis zur Verwendung in einer Spritzflasche kalt stellen.

BBQ-KARTOFFELN

10 kleine Grenaille-Kartoffeln | 3 Schalotten | 1 Knoblauchzehe | 50g Kalbsjus
10g Barbecue-Sauce | 10g Butter | geräuchertes Meersalz

Die Kartoffeln waschen, in Scheiben schneiden und kross anraten. Die Schalotten in Ringe schneiden, die Knoblauchzehe andrücken und beides mit den Kartoffeln anbräunen. Mit ein wenig Brühe ablöschen und die Kartoffeln im Sud garen. Hierzu immer wieder Brühe angießen. Zur Fertigstellung die Kalbsjus und Barbecue-Sauce einrühren. Mit der Butter montieren und dem Rauschsalz abschmecken.

ANRICHTEN

1 Schale Erbsenkresse | 1 Schale Basilikumkresse | etwas Frisée
etwas Schafsgarbe | ein paar geschälte Erbsen

Mit einem Pinsel etwas Erbsen-Emulsion auf die Teller streichen. Rippchen vom Grill nehmen, in große Segmente teilen und mit den lauwarmen Kartoffelscheiben auf den Tellern drapieren. Einige Punkte vom Paprikagel und Erbsen-Emulsion aufspritzen. Mit Aprikosen, Salat und Kresse garnieren.

DENNIS LÖCHEL

ROTISSERIE WEINGRÜN // FEUER // À POINT

Rotisserien haben ihren Ursprung in Frankreich und sind dort das Herzstück der kulinarischen Tradition. Ein gutes Fleisch "à point" auf den Tisch zu bringen, diese Kunst wurde im Nachbarland schon immer honoriert. Herbert Beltle, eine der Gastronomie-Legenden Berlins hat diese Tradition nun hierher geholt. Der französische Flammenwandgrill in der Rotisserie Weingrün ist tatsächlich einzigartig in der Hauptstadt. Hier entstehen Grillgerichte wie die Brandenburger Bauernente oder die Spare Ribs vom Havelländer Apfelschwein. Chefkoch und Rotisseur Dennis Löchel lässt die Grillspieße vor den Flammen und den Augen der Gäste rotieren. Kross muss es werden, saftig und auf den Punkt gegart. Eben "à point".

GEEISTE GURKENKALTSCHALE MIT GEGRILLTER RIESENGARNELE

Für 4 Personen

2 Salatgurken | 4 Cornichons | 100 ml Gewürzgurkenfond | 1 Zitrone | 1 Msp. Wasabi
4 Riesengarnelen 8/12 | 4 Stangen Zitronengras | Meersalz, Pfeffer, Zucker

Die Gurken waschen und schälen, der Länge nach halbieren und in 1 cm breite Stücke schneiden. Ein Viertel einer Gurke aufheben und in 5 x 5 mm kleine Würfel schneiden, diese dienen später als Einlage. Die Gurken, Cornichons, Gewürzgurkenfond, Wasabi und den Saft einer Zitrone in einem Mixer fein pürieren. Nun die Kaltschale in eine Schüssel umfüllen und mit Salz, Pfeffer, evtl. etwas Zucker abschmecken und kalt stellen.

Die Garnelen auftauen, die Schale entfernen, den Darm ziehen und auf das Zitronengras spießen. Eine Pfanne erhitzen, Olivenöl zugeben, die Garnelen im heißen Öl goldbraun braten und mit Salz und Pfeffer würzen. Die Suppe in gefrorene Pastateller abfüllen, die Gurkenwürfel in die Mitte des Tellers setzen und den Garnelenspieß über die Kaltschale legen.

GEGRILLTER SAALOWER SCHWEINEBAUCH MIT EINEM SALAT AUS BIRNE-BOHNEN-SPECK

Für 4 Personen

1,2 kg Saalower Schweinebauch mit Schwarte | 1 Zweig Thymian | 1 TL Pfefferkörner
1 Lorbeerblatt | 1 EL Meersalz | 1 Zwiebel | frischer Majoran

Den Schweinebauch in einen Topf mit kaltem Wasser geben, die Gewürze (Thymian, Lorbeer, Pfefferkörner, Meersalz) zugeben, die Zwiebel schälen, in 2 cm große Würfel schneiden und in den Topf geben. Nun den Herd auf mittlerer Hitze anstellen, so dass der Schweinebauch kurz aufkocht und dann kurz unter dem Siedepunkt ca. 2 Stunden lang simmern lassen. Zur Probe, ob der Bauch weich ist, mit einer Fleischgabel einstechen. Wenn sich das Fleisch locker löst, ist der Schweinebauch gar. Den Bauch kurz auskühlen lassen und mit einem scharfen Messer die Schwarte in 1 cm große Würfel, ca. 5 mm tief einschneiden. Nun entweder auf einem Grill oder im Backofen bei Oberhitze 220°C die Schwarte kross werden lassen. Mit Meersalz, Pfeffer und frischem Majoran würzen.

FÜR DEN SALAT

1 Schale (250g) Keniabohnen | 500g Dicke Bohnen | 1 rote Zwiebel | 100g Speck | 2 reife Birnen
2 EL Apfelessig | frischer Majoran, Salz, Pfeffer

Für den Salat die Keniabohnen in 2 cm lange Stücke schneiden, die Bohnenhülsen aufbrechen und die Kerne herausholen. In einem Topf Salzwasser zum Kochen bringen und die Keniabohnen/ Dicken Bohnen getrennt voneinander bissfest blanchieren und in Eiswasser abschrecken. Nun die Bohnen von ihrer weißen Haut befreien. Die rote Zwiebel schälen, halbieren und in feine Ringe schneiden. Speck und Birne in feine Würfel schneiden.

Den Speck in einer Pfanne mit etwas Öl kross rösten, nun die Birnen und die Zwiebeln dazugeben und mit 2 EL Apfelessig ablöschen. Die Bohnen zugeben und mit frisch gehacktem Majoran, Salz und Pfeffer würzen. Zum Anrichten 4 cm dicke Tranchen vom Schweinebauch schneiden, den lauwarmen Bohnensalat in die Mitte des Tellers geben und den Schweinebauch darauf anrichten.

GREGOR JOHANNSEN

SAGE // MULTIKOSMOS // UNBESCHWERT

Das Sage Restaurant an der Spree ist ein kulinarischer Multikosmos: Hier trifft Restaurant auf Club, Experiment auf Klassik, Strand auf Stadt und Gourmet auf BBQ. Küchenchef Gregor Johannsen meistert das alles ohne kulinarische Spagate. Sein Stil ist modern, urban, fröhlich und unbeschwert. Seinen Gästen schmeckt es tagsüber bei strahlendem Sonnenschein, abends bei einer lauen Brise und nachts unter funkelndem Sternehimmel. Der Sommer ist genauso präsent am Sage Club-Strand wie in Gregor Johannsens Küche. Beliebte BBQ Klassiker und mediterrane Kreationen stehen freundschaftlich nebeneinander auf der Karte. Die Sonne sieht es und grinst.

BBQ-SPARERIB MIT (SAGE BEACH) CLUBSANDWICH

Für 4-6 Personen

1,5 kg Spareribs vom Iberico | Marinade: 2 Orangen (Saft) | 2 Zitronen (Saft) | 2 Chilischoten | 50g Ingwer
Pfeffer, Salz | 2 Möhren | 3 Zwiebeln | 100g Honig | ½ l Cola | 5 Knoblauchzehen
1 Dose passierte Tomaten | 5 Lorbeerblätter

Spareribs mit Zitronen- und Orangensaft, Chili, Ingwer, Salz und Pfeffer marinieren und eine Nacht ziehen lassen. Möhren und Zwiebeln fein würfeln, scharf anbraten und mit Honig karamellisieren. Mit Cola ablöschen und alle anderen Zutaten zugeben. Aufkochen lassen und zu den marinierten Rippchen geben. Im Ofen bei 120°C ca. 1,5 Stunden garen. Die Ribs aus der Marinade nehmen und räuchern. Das Gemüse mit der Marinade mixen, durch ein Haarsieb streichen, Fett abschöpfen (degressieren), abschmecken und wieder über die geräucherten Rippchen geben. Ziehen lassen. Rippchen aus der Marinade nehmen, langsam grillen und dabei immer wieder mit der Marinade bepinseln.

CLUBSANDWICH

4 Scheiben Toast | 4 Scheiben Pata Negra Schinken | 200g Filet vom Iberico | 2 Tomate | 2 EL Mayonnaise
4 Blätter Kopfsalat | 10 Blätter Frisée

Filet rosa grillen, kalt hauchdünn aufschneiden. Schinken knusprig grillen. Toast grillen, mit Mayonnaise bestreichen und mit allen Zutaten belegen, aufschneiden und servieren.

IBERICO, MANGO-CAPRESE, PULPO & AVOCADO

Für 4-6 Personen

BÄCKCHEN

1 kg Iberico Schweinebäckchen | Pökellake | 1 l Wasser | 30g Pökelsalz | 1 Stange Zitronengras
2 Limettenblätter | 20g Ingwer | 2 Knoblauchzehen | Schale von 1 Orange

Alle Zutaten aufkochen, abkühlen lassen. Die Bäckchen mindestens 24 Stunden darin pökeln.

RAUCHMISCHUNG

4 Sternanis | 50g Buchenspäne | 10g grüner Tee

Sternanis mörsern, mit den Spänen und dem Tee mischen im Wok auf dem Grill zum räuchern bringen. Die Bäckchen ca. 30 Minuten bei geringer Hitze räuchern.

PRESA (NACKENDECKEL VOM IBERICO)

½ EL Koriandersaat | ½ EL Pfefferkörner | 1 Sternanis | 1 Stange Zitronengras | 3 Limettenblätter
½ Bund Koriander | 30g Meersalz | 20g Zucker | 1 kg Presa | Haushalts-Vakuumierer

Korianderssat, Pfeffer und Sternanis rösten und mörsern. Zitronengras, Limettenblätter und frischen Koriander grob schneiden, alles mit Salz und Zucker mischen und damit das Presa massieren – alles zusammen vakuumieren und 2 Tage beizen. Das Presa gut abtupfen und auf einer nicht so heißen Stelle langsam grillen. Ruhen lassen, gegen die Faser aufschneiden und anrichten.

BAUCH

½ EL Koriandersaat | ½ EL Pfefferkörner | 1 Sternanis | 1 Zitronengrasstängel | 3 Limettenblätter
½ Bund Koriander | 30g Meersalz | 20g Zucker | 1 kg Bauch vom Iberico

Beizen wie beim Presa. Nach dem Beizen im Ofen bei 120°C für ca. 2 Stunden auf einem Locheinsatz auslassen und auskühlen lassen. Auf dem Grill nachgrillen und portionieren.

GUACAMOLE

1 Hass-Avocado | ½ Knoblauchzehe | ½ Limette (Saft und Abrieb) | 1 kleine Chili | 1 Zweig Koriander
1 Prise Salz | 1 TL Honig | 1 Prise Cayennepfeffer | 1 Prise Koriandersaat, gemahlen

Avocado würfeln. Alle anderen Zutaten zusammen in den Mixer bis eine nahezu homogene Masse entsteht. Dann die Avocadowürfel vorsichtig unterheben.

CAPRESE

1 Büffel-Mozzarella | 2 Urtomaten | 1 reife Mango | 1 Prise Fleur de Sel | Pfeffer aus der Mühle | 1 TL Olivenöl

Alles in Scheiben schneiden. Die Mango grillen, mit Olivenöl, Salz & Pfeffer marinieren.

PULPOSALAT

1 kleiner Pulpo | 1 Knoblauchzehe | 1 EL Limonenöl | 1 EL weisser Balsamico | Petersilie, glatt, nach Bedarf
1 Prise Salz | Pfeffer aus der Mühle, nach Bedarf

Pulpo kochen, danach grillen, schneiden und mit den Zutaten marinieren. Abschmecken.

WOLFGANG MÜLLER

YAK CHEF // BODENSTÄNDIG DE LUXE // GLUTIG

Bodenständig de Luxe. Wolfgang Müller wurde zuerst Metzger, dann Sternekoch, dann Kochbuchautor, dann Feinkostproduzent. Gerade unterstützt er die Aufzucht von Yaks in den Alpen, vertreibt Schweineaktien und plant ein neues Kochbuch nur über Innereien. Angerichtet auf Innereien. Mehr dürfen wir hier nicht verraten. Nur soviel: Der Mann hat definitiv viel Energie. Nachdem er den Rinderrücken für sein Rezept geradezu liebevoll gewürzt und eingepackt hat, schaufelt er im Garten ein Loch für die Glut, als sei es das natürlichste der Welt. 300 Grad will er im Erdloch erreichen. Die perfekte Glut. Für das perfekte Fleisch. Perfektion im Umgang mit dem Fleisch ist für Wolfgang Müller elementar. Aus Respekt vor dem Tier und dem Gast zur Freude.

RINDERRÜCKEN IM ERDLOCH

Für 4 Personen

8 kg Buchenholz | 15 kg Holzkohle | 1 alte Zeitung | Schaufel oder Spaten | Alufolie
Handbesen und kleine Schaufel | 1 ganzer Rinderrücken (ca. 3-4 kg) | Meersalz | Zucker
Schwarzer Pfeffer aus der Mühle | 2 Fleischtomaten | 2 rote Zwiebeln | 2 Peperonischoten
1 Knoblauchzwiebel | 3 Zweige Thymian | 2 Zweige Rosmarin | ¼ l Olivenöl

ZUBEREITUNG

Zunächst aus der alten Zeitung, Buchenholz und Holzkohle ein Feuer machen und nach und nach Holz und Kohle zur Glut bringen. Wir brauchen viel Glut und am Ende ca. 300°C. In der Zwischenzeit ein Erdloch graben, ca. 1 Meter lang / 60 cm breit und ca. 1 m tief. Sie können die Seitenwände mit Steinen auskleiden, muss aber nicht sein.

DER RINDERRÜCKEN

Zunächst mit einem scharfen Messer die Fettseite rautenförmig leicht einschneiden. Mit Salz, Zucker und Pfeffer kräftig würzen und einreiben. Danach die Alufolie ausrollen, am besten doppelt legen, Fleischtomaten und Zwiebeln in Scheiben schneiden, die Peperoni halbieren. Ein Teil des Gemüses zusammen mit Knoblauch, Thymian, Rosmarin auf der Alufolie verteilen. Den Rinderrücken darauf legen und die andere Hälfte des Gemüses auf dem Rinderrücken verteilen. Das Ganze nun mit Olivenöl beträufeln und gut verpacken, so dass kein Loch entsteht.

In der Zwischenzeit müsste die Glut in Höchstform sein, ca. 2/3 davon in das Erdloch geben, dann unser Alupaket vorsichtig darauf legen, achten Sie darauf, dass die Fettseite des Rinderrückens unten liegt. Danach die restliche Glut darauf verteilen, mit der Erde abdecken, gut festdrücken. Danach ca. 1 1/2 Stunden Bier trinken, baden gehen oder sonstiges erledigen.

Nun vorsichtig mit einer kleinen Schaufel bis zur Alufolie graben, danach mit Handbesen und Schaufel die Folie freilegen. Mit einem Messer die Folie einschneiden und den Rinderrücken mit Hilfe einer Gabel herausholen. Dünn aufschneiden und leckere Salate und Saucen dazu servieren.

Ein etwas anderes Grillen, aber sollten Sie die Grasnarbe noch auf das Erdloch legen, verspreche ich den Party-Hit: Jeder sucht den Grill, dabei stehen sie drauf!

CATHRIN BRANDES

SPEISENKLUB NEUKÖLLN // HAUTNAH // ANGEFEUERT

Cathrin Brandes überzieht die Hauptstadt regelrecht mit ihren ausgefallenen kulinarischen Events. Zusammen mit dem Künstler Thomas Greb hat sie den Speisenklub Neukölln gegründet und bietet in ausgesuchten Locations Abende mit einem unnachahmlichen Mix an Kulinarik, Kunst und Kultur. Mal bringt eine Jägerin zwei Hirschkälber vorbei, die Cathrin Brandes im Atelier eines Künstlers zu einem Wildmenü verarbeitet. Mal serviert sie ein veganes Menü auf Tischen aus Moos. Im Sommer sucht sie nach Hinterhöfen mit einem urban trashigen Ambiente und grillt dort für die Klubmitglieder Sardinen, Steaks oder Lammspieße. Das Salzwiesenfleisch von Rind und Schnucke für ihre Grillaktionen kommt von der Insel Öhe. Landwirt Mathias Schilling ist selbst Mitglied im Speisenklub und liefert persönlich, wenn ihn seine Tiere mal von der Insel lassen.

DÖNER VOM ÖHE-LAMM LÖWENZAHN,GEGRILLTEN MÖHREN, SÜßKARTOFFELN UND MOJO ROJO

Für 6 Personen

DÖNER

1 kg Öhe-Lammfleisch aus der Keule | grober Pfeffer | Meersalz | 6 Bundmöhren | 2 große Süßkartoffeln
1 Bund Löwenzahnblätter

Der Speisenklub Neukölln verwendet am liebsten das aromatische Salzwiesenfleisch vom Insel Öhe Lamm. Das Lammfleisch in 5 x 5 cm große Würfel schneiden und auf Spieße stecken. Pfeffern und auf einem Holzkohlegrill grillen. Das Fleisch von den Spießen ziehen, salzen und kurz warmhalten. Die Möhren blanchieren, halbieren, salzen und grillen. Die Süßkartoffeln fast weichkochen, in Scheiben schneiden und ebenfalls grillen. Die Brötchen quer fast ganz aufschneiden und oben und unten mit der Käsecreme bestreichen. Mit Löwenzahnblättern und Grillgemüse belegen. Die gegrillten Lammwürfel darauflegen und mit Mojo Rojo beträufeln.

PITA BRÖTCHEN MIT MAISMEHL (FÜR 6 BRÖTCHEN)

400g Weizenmehl | 100g Maismehl | etwas Weizenmehl zum Ausrollen des Teiges
1 Hefewürfel | ca. 250 ml lauwarmes Wasser | 4 EL Olivenöl | 1 EL Salz

In einer warmen kleinen Schüssel aus der Hefe, 50 ml lauwarmen Wasser und einem Esslöffel Mehl einen Vorteig mischen und an einem warmen Ort 20 Minuten gehen lassen bis er Bläschen wirft. Dann in einer warmen großen Schüssel beide Mehlsorten mischen, den Vorteig und die Hälfte des Wassers dazugeben und alles mit den Knethaken des Handrührgerätes verrühren. Nach und nach das restliche Wasser dazugeben, bis ein nur noch leicht klebender Teig entsteht. Je nach Mehl braucht man nicht das ganze Wasser oder ggf. etwas mehr. Den Teig mit dem Olivenöl begießen und an einem warmen Ort gehen lassen bis er sich verdoppelt. Den Teig mit dem Olivenöl und dem Salz gründlich verkneten. Er sollte locker sein und nicht an den Händen kleben.Den Teig in 6 Kugeln aufteilen und diese zu ovalen Brötchen ausrollen. Die Brötchen quer mit einem Messer einritzen und eine halbe Stundegehen lassen. Dann im vorgeheizten Ofen bei 250°C knusprig backen.

SCHAFSKÄSECREME MIT PETERSILIE

300g Schafskäse (Feta) | 1 kleines Bund glatte Petersilie | 1 grüne Chilischote | 50 ml Olivenöl

Den Käse in eine Schüssel bröckeln, das Olivenöl, die abgezupften Petersilienblätter und die entkernte und entstielte Chilischote dazu geben. Alles mit dem Zauberstab fein pürieren.

MOJO ROJO

4 rote Paprikaschoten | 2 Knoblauchzehen | 1 Chilischote | 150 ml Olivenöl | 1 TL gemahlener Kreuzkümmel
2 TL Salz | 1 TL gemahlener schwarzer Pfeffer

Paprika und Chili entstielen, entkernen und grob würfeln. Knoblauchzehen schälen und kleinschneiden. Alles in 50 ml Olivenöl scharf anbraten bis die Paprika weich und etwas angeröstet sind. In eine Schüssel geben und mit dem Olivenöl und den Gewürzen mit einem Zauberstab pürieren. Nach Gusto nachwürzen. Der Mojo sollte eine breiige Konsistenz haben.

REIMAR PHILIPPS

ROSA CANINA // PUR // HEISS

Reimar Philipps ist Purist. Besonders was sein Eis angeht. In seine über 30 Sorten kommt nur rein, was wirklich reingehört. Und davon nur das Beste. Das Ergebnis ist ein Speiseeis, wie es heute kaum noch jemand herstellt. Das Handwerk dazu hat er in den Dolomiten, der Heimat der berühmtesten Gelatieri, von zwei alten Meistern der Eiskunst, gelernt. Das Ergebnis kann man schmecken: Reimar Philipps steht in guter alter Gelatieri-Tradition auf Eis pur. Ohne künstliche Aromen, nur aus guten Früchten, Gewürzen und bester Schokolade. Am liebsten tüftelt er an neuen Sorten. Seiner Kreativität sind keine Grenzen gesetzt: Sorten wie Himbeer mit Basilikum oder Ananas mit Salbei werden von seinen großen und kleinen Kunden geliebt. Aber auch den Klassikern hat er mehr Geschmack verpasst: dem Schokoladeneis durch einen sehr hohen Zartbitter Schokoladenanteil und dem Vanilleeis durch einen aparten Mix aus Tahiti- und Bourbonvanille. Purist sein verpflichtet eben.

HIMBEER-BASILIKUM-SORBET

200g Himbeeren (aufgetaut oder frisch) | 10g frische Basilikumblätter | 110g Rohrohrzucker
25g Dextrose (Traubenzucker) | 10g Zitronensaft | 165g Wasser

Wasser, Zucker, Dextrose in einem Topf unter Rühren erhitzen, bis ein klarer Sirup entsteht. Basilikumblätter hineingeben und kaltstellen. Die Himbeeren mit dem Zitronensaft pürieren, dann den kalten Sirup nach und nach hineinmixen. Die fertige Mischung in eine Eismaschine geben und ausfrieren.

HOLGER SCHWARZ

VINICULTURE // VINS NATURELS // ENTFLAMMT

Bequemlichkeit ist seine Sache nicht. Der Weinhändler Holger Schwarz liebt die Herausforderung am Gaumen. Er steht auf Konfrontation, auf Unverfälschtheit und auf Individualität. Wo viele schon zurückschrecken, fängt für ihn das Abenteuer erst an. Die Rede ist von Vins Naturels. Man wird in Berlin keinen Weinhändler finden, der so leidenschaftlich wie Holger Schwarz über Naturweine spricht und eine so große Auswahl davon in seinem Laden hat. Radikale Winzer aus ganz Europa folgen seinen Einladungen, um den Berlinern zu zeigen, wie archaisch Wein riechen und schmecken kann. Die mehrfach ausgezeichnete Weinhandlung Viniculture hat sich seit der Übernahme durch den gebürtigen Pfälzer zu einem Mekka der Liebhaber und Genießer der unverfälschten Weine entwickelt. Die Faszination des Ursprünglichen lockt sie nach Charlottenburg, zu Holger Schwarz und seinen Vins Naturels.

Wir haben uns auf die Suche nach dem wahren Lambrusco gemacht, viele Weingüter besucht und ihn zu guter Letzt in einer kleinen Ortschaft südlich von Modena gefunden. Der blutrote, wild schäumende Bolla Rossa duftet herrlich nach Brombeeren und Kirschen, die zarte Herbe kitzelt den Gaumen. Trocken im Geschmack, wunderbar urwüchsig und erfrischend - genau dieses Glücksgefühl haben wir gesucht!

Lambrusco Bolla Rossa

ARIANNA OCCHIPINTI, SIZILIEN

Nach solchen sizilianischen Weinen wie von Arianna Occhipinti haben wir lange gesucht und hatten, um ehrlich zu sein, die Hoffnung schon fast aufgegeben. Bei den unzähligen zur Verkostung stehenden Weinen fielen uns diese Sizilianer besonders auf. Eine Nachprobe am nächsten Tag war schlicht nicht möglich, da alle Flaschen bis auf den letzten Tropfen geleert waren. Eine absolute Seltenheit, die zeigt, wie viel Trinkvergnügen die Weine von Arianna uns bereiten.

2013 Occhipinti SP68

ESCODA-SANAHUJA, CONCA DE BARBERÀ

Ramón Escoda-Sanahuja ist einer der Pioniere des biodynamischen Weinbaus (Grupo de Trabajo biodynamico del Mediterráneo) im Nordosten Spaniens, im Hinterland von Tarragona. Hier arbeitet er nach Steiner'schen Methoden und im Einklang mit der Natur. Der weiße Chenin blanc „Els Bassotets" ist eine Provokation! Ohne zugegebenen Schwefel und einer leicht trüben Strohfarbe braucht er große Gläser, viel Luft und Mut zu neuen Geschmackserlebnissen.Am Anfang war uns das zu „strange", mittlerweile lieben wir ihn! Magnumflaschen auf Anfrage.

2011 Escoda Sanahuja Els Bassots

CLOS FANTINE, FAUGÈRES

In den Hügeln von Faugères, nördlich von Bezier, befindet sich einer unserer spannendsten Neuzugänge. Geleitet wird das Weingut von den Geschwistern Carole, Olivier und Corine Andrieu. Die Weine werden weder gefiltert, noch geschönt und geschwefelt. Es ist die Natürlichkeit, die im Glas beeindruckt: feurige Gewürze, geräucherter Schwarztee und pure Saftaromen.

2013 Clos Fantine La Lanterne

HUGO

1-2 cl Holundersirup | 8 Blätter Minze | 1 Zweig Minze | Sekt

Ein Weinglas mit Eis füllen, Minzblätter und Holundersirup dazugeben und mit Sekt auffüllen. Mit einem Minzzweig garnieren.

WATERMELON-COOLER

3 cl Wodka | 4 cl Wassermelonenlikör | 2 cl frischer Zitronensaft
1 dicke Scheibe Wassermelone (ohne Schale) | 4cl Orangensaft

Alle Zutaten zusammen in einen Mixer geben und mit Eiswürfeln zerkleinern. Mit einer Scheibe Melone garnieren.

ANDREAS MALY

40 SECONDS // GLÜCK // WIEGE

Am Anfang ist der Lift. In 40 Sekunden transportiert er den urbanen Jet Set in das Penthouse mit dem privilegierten Blick auf den Potsdamer Platz. Dazu muss man es aber erstmal in den Lift schaffen. Die Schlangen der feierfreudigen Berliner und Stadtbesucher vor dem Lifteingang zum 40 seconds sind mittlerweile Stadtlegende. Genauso wie die Clubabende mit dem erstklassigen Sound, den exzellenten Getränken von Bartender Andreas Maly und seinem Team und den vielen internationalen Gästen. Der berauschende Rundumblick auf Berlin ist die Kulisse für berauschende Abende im 40 seconds.

BERLINER LUFT

HIMMEL
BLAU
LUFT
STADT

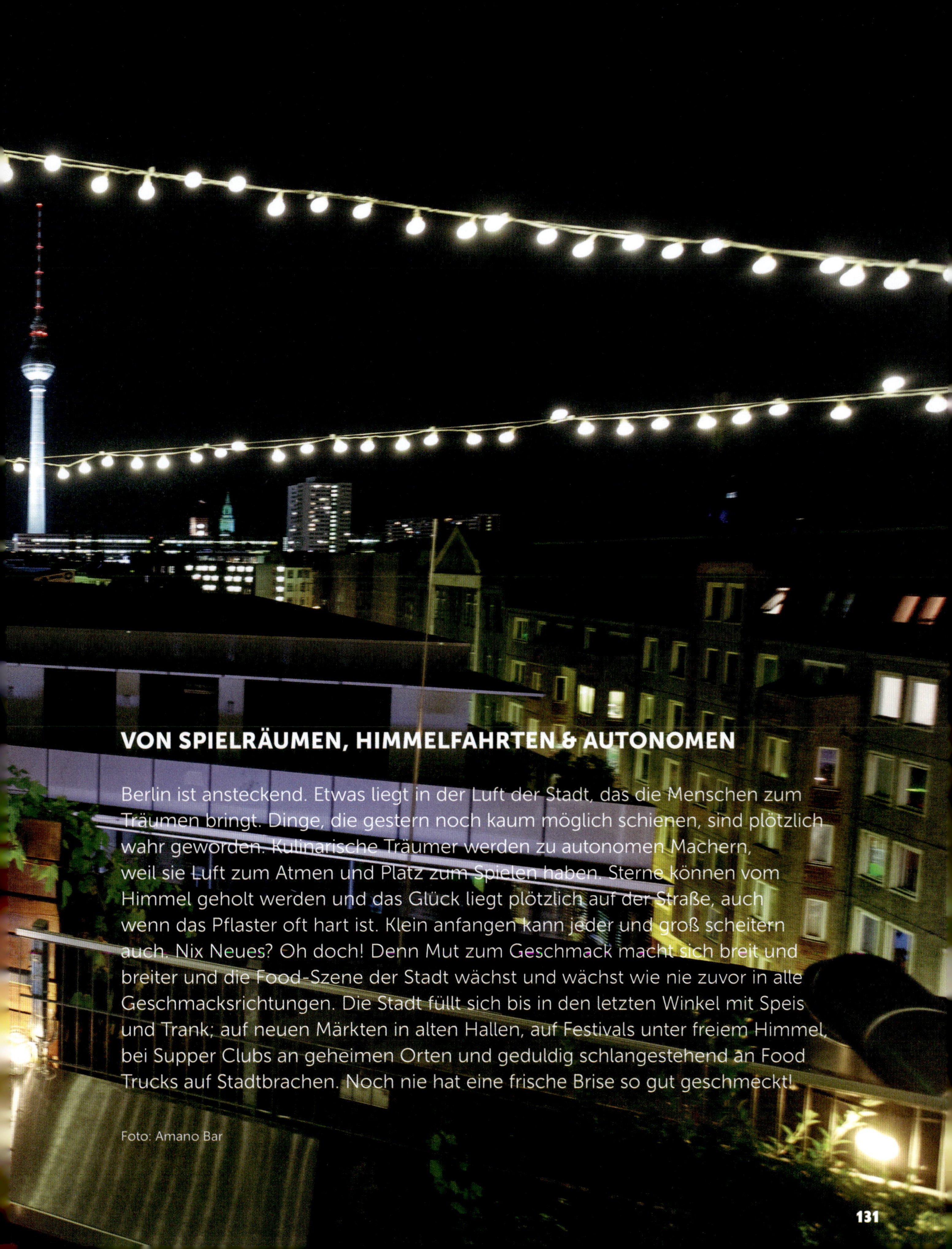

VON SPIELRÄUMEN, HIMMELFAHRTEN & AUTONOMEN

Berlin ist ansteckend. Etwas liegt in der Luft der Stadt, das die Menschen zum Träumen bringt. Dinge, die gestern noch kaum möglich schienen, sind plötzlich wahr geworden. Kulinarische Träumer werden zu autonomen Machern, weil sie Luft zum Atmen und Platz zum Spielen haben. Sterne können vom Himmel geholt werden und das Glück liegt plötzlich auf der Straße, auch wenn das Pflaster oft hart ist. Klein anfangen kann jeder und groß scheitern auch. Nix Neues? Oh doch! Denn Mut zum Geschmack macht sich breit und breiter und die Food-Szene der Stadt wächst und wächst wie nie zuvor in alle Geschmacksrichtungen. Die Stadt füllt sich bis in den letzten Winkel mit Speis und Trank; auf neuen Märkten in alten Hallen, auf Festivals unter freiem Himmel, bei Supper Clubs an geheimen Orten und geduldig schlangestehend an Food Trucks auf Stadtbrachen. Noch nie hat eine frische Brise so gut geschmeckt!

Foto: Amano Bar

Wenn jemand die Berliner Luft wirklich zum Schwingen bringen kann, dann ist es Robert Skuppin. Als Moderator und mittlerweile Chef bei Radioeins färbt er den Berliner Äther seit Jahren orange und sorgt für gute Laune bei den erwachsenen Radiohörern der Hauptstadt. Wenn er nicht gerade mächtig funkt schreibt er zusammen mit Co-Moderator Volker Wieprecht Bücher, z.B. über das Küssen und das Fliegen und andere Dinge, die man zum ersten Mal tut. Was er an der Berliner Sommer-Atmosphäre so mag? Das Flirren in der Luft, den wirklich blauen Himmel und die kurzen Nächte, die erstaunlich lang sein können!

Robert Skuppin feiert auf dem Parkdeck gleich neben dem U-BHf Gleisdreieck

ROBERT SKUPPIN

MODERATOR // FUNKY // FLIRREND

HENDRIK OTTO

LORENZ ADLON // ESSZIMMER // AUFGEFRISCHT

Frischer Wind für die Grande Cuisine. So könnte man Hendrik Ottos neuen Blick auf seine Küche betiteln. Überraschen möchte er, nicht abschrecken. Die europäisch inspirierten Geschmackskompositionen des bekennenden Saucenfetischisten sind kulinarische Geniestreiche, gewürdigt mit zwei Michelin Sternen. Zwei Sterne und eine dazu gehörige Bilderbuchkarriere, die Hendrik Otto nicht den Blick für das Gute im Einfachen genommen haben. Beim Stichwort Sommer denkt er an seine kleine Tochter, an Kindheit und an die Familie. An bunte Tische unter freiem Himmel und zischende Holzkohle im Grill.

GEGRILLTES GEMÜSE, PESTO, PARMESAN UND RUCOLA

Für 4 Personen

GRILLGEMÜSE

4 rote Paprika | 4 gelbe Paprika | 2 Zucchini | 1 Aubergine | Knoblauch | Olivenöl
Thymian | Rosmarin | 1 Bund Basilikum | Salz, schwarzer Pfeffer | 80g Parmesan

Das Gemüse schneiden (eventuell die Paprika vorher schälen, je nach Geschmack), mit Olivenöl einreiben, mit Salz und Pfeffer würzen und mit etwas fein gehacktem Knoblauch besprenkeln. Nun das Gemüse grillen, bis es noch einen leichten Biss hat. Kurz vor Ende der Garzeit die gehackten Kräuter dazugeben und kurz mitziehen lassen.

PESTO

200 ml Olivenöl | 1 Bund Basilikum | 1 Tomate | Meersalz, schwarzer Pfeffer

Alle Zutaten im Mixer zerkleinern und mit Salz und Pfeffer abschmecken.

SALAT UND SALATDRESSING

1 Bund Rucola | 100 ml alter Balsamico Essig | 100 ml Walnussöl | 100 ml Traubenkernöl | 100 ml Olivenöl
50 ml Geflügelfond | Salz, schwarzer Pfeffer

Den Rucola waschen. Alle anderen Zutaten gut vermischen und mit Salz und Pfeffer abschmecken. Den Rucola gut mit dem Dressing vermengen.

ANRICHTEN

Das Gemüse auf einem Teller oder einer Platte anrichten und mit dem Pesto marinieren. Den Rucola ebenfalls auf dem Teller anrichten und alles mit dem gehobelten Parmesan bestreuen.

GRILLSPIESS "SCHWAGERS ART"

Für 4 Personen

MARINADE

1 Chili, gehackt | 1 Knoblauchzehe, zerdrückt | 1 TL Kümmel, gemahlen | 1 TL Rosmarin | 6 Lorbeerblätter
100 ml Sonnenblumenöl | 300 ml Schwarzbier | 3 EL Senf, mittelscharf | 500 ml Mayonnaise
Salz, schwarzer Pfeffer

Alle Zutaten in eine große Schüssel geben und mit einem Schneebesen sehr gut miteinander vermischen. Mit Salz und Pfeffer abschmecken.

GRILLSPIESS

3 kg Schweinenacken, gut durchwachsen | 5 große Zwiebeln | 500g grüner Speck | Holz oder Metallspieße

Den Schweinenacken in gleichmäßige Würfel (4 x 4 cm) schneiden. In die Schüssel mit der Marinade geben, gut vermengen, kalt stellen und für mindestens 6 Stunden ziehen lassen.

Die Zwiebeln schälen und vierteln. Den Speck in etwas stärkere Scheiben auf Größe der Nackenwürfel schneiden (4 x 4 cm). Alle Zutaten abwechselnd auf die Spieße aufstecken und auf den Grill legen.

TIPP

Dazu passt am besten ein eisgekühlter Wodka!

THOMAS KAMMEIER

HUGOS // WEIT OBEN // INTERNATIONAL

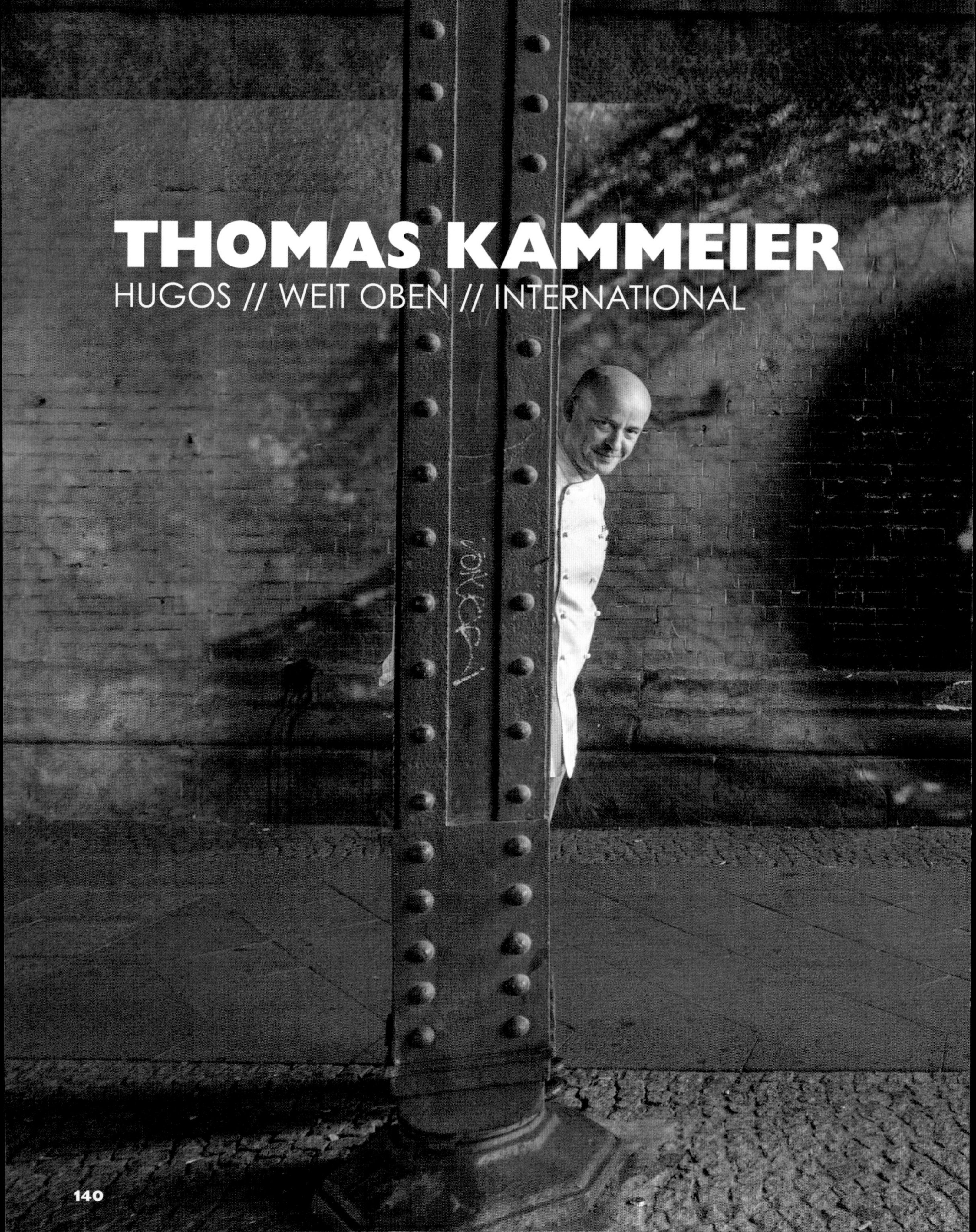

Der sensationelle Panoramablick aus dem Restaurant Hugos im Hotel InterContinental ist in der Stadt legendär. Sternekoch Thomas Kammeier ist im doppelten Sinne ganz weit oben angekommen. Die Stadt liegt ihm jedenfalls auch kulinarisch zu Füßen. Ein Blick in seine Speisekarte lässt über das Warum keinen Zweifel. In Thomas Kammeiers Küche entstehen elegante, zeitlose Kompositionen, mit internationalem Anspruch und einer gekonnten Verbeugung vor der Region. Im Sommer schöpft er aus dem Vollen. Schnörkellos, aber raffiniert. Ungehemmt, aber präzise.
Seine Gäste immer im Blick.

BRETONISCHE MAKRELE GEBRATEN, SONNENBLUMENCREME, GURKE, STAUDENSELLERIE, APFEL, CRANBERRIES

Für 4 Personen

MAKRELE

2 Makrelen á 500g (Deutsche See) | Salz | Piment d´Espelette | Limettensaft | Mehl | Olivenöl

Die Makrelen filetieren, entgräten, abwaschen und trocken legen. Dann würzen, die Hautseite leicht mehlieren und in der Pfanne heiß braten, so dass sie schön glasig bleibt.

SONNENBLUMENCREME

200g Sonnenblumenkerne (Bos Food) | 25g Sonnenblumenpaste (Bos Food) | 6g Salz | 300 ml Vollmilch (Weihe)

Die Sonnenblumenkerne anrösten und in einen Pacojet-Behälter geben. Sonnenblumenpaste, Salz und Vollmilch hinzugeben und über Nacht gefrieren. Dann 2-3 mal durchlassen.

APFELGEL

5 Granny Smith Äpfel (Weihe) | 80g Zucker | 200 ml weißer Portwein | 6g Agar Agar (Bos Food)

Die Äpfel entsaften. Zucker karamellisieren, mit dem Portwein ablöschen und reduzieren lassen. Mit dem Apfelsaft auffüllen, Agar Agar einrühren und kaltstellen.

SAKEÄPFEL

5 Boskop Äpfel (Weihe) | 300 ml Apfelsaft | 125g Sake (Bos Food) | 125g Zucker | 1 Zitrone (Weihe)

Die Äpfel in Würfel schneiden. Apfelsaft, Sake und Zucker zusammen aufkochen lassen, Saft einer Zitrone zugeben und die Apfelwürfel darin einlegen.

CRANBERRIES

30g Zucker | 100 ml Cranberriesaft | 50g Cranberries | Etwas Stärke

Den Zucker hellbraun karamellisieren lassen, auf 50 ml reduzieren und mit etwas Stärke abziehen, die Beeren in den warmen Saft geben und 1 Tag ziehen lassen.

VINAIGRETTE

50 ml Cidreessig (Bos Food) | 1 EL Honig (Daberkow) | 25 ml Traubenkernöl (Bos Food) | Salz, Zucker, Pfeffer

Aus den Zutaten eine Vinaigrette herstellen.

ANRICHTEN

Eine gehobelte Scheibe Gurke und Blätter vom Staudensellerie mit der Vinaigrette marinieren und auf dem Teller anrichten.

APRIKOSE & THYMIAN EINGEWECKT, ZABAIONE, BUTTERMILCH-ZITRONENEIS

Für 4 Personen

APRIKOSEN

100g Zucker | 500 ml Weißwein | ½ Vanilleschote | 200g Aprikosenpüree | 500g Aprikosen

Den Zucker in einen Topf geben und hellbraun karamellisieren lassen, mit dem Weißwein ablöschen und auf die Hälfte mit der Vanilleschote reduzieren lassen, Aprikosenpüree zugeben. Die Aprikosen blanchieren, häuten, Kern entfernen und vierteln und in dem Sud für 2 Tage einlegen.

ZITRONEN-THYMIAN-ZABAIONE

3 Eier | 3 Eigelb | 150g Zucker | ½ Vanilleschote | 25g Pro-Espuma | Zitronenabrieb
100 ml Weißwein | 100g Zitronen-Thymian

Das Vollei, Eigelb, Zucker und das Vanillemark zusammen warm/kalt aufschlagen und das Pro-Espuma einrühren. Weißwein aufkochen lassen, vom Herd nehmen und den Zitronen-Thymian dazugeben und 10 Minuten ziehen lassen. Den Sud in die aufgeschlagene Eimasse rühren und in die Espuma-Flasche füllen, dann drei Kapseln dazugeben und kalt stellen.

APRIKOSENKROKANT

250 ml Aprikosenpüree | 50g Puderzucker | 70g Isomalt | 30g Passoâ (Passionsfruchtlikör)
7g Agar-Agar | 16g Glucosepulver

Alle Zutaten im Thermomix bei 90°C für 10 Minuten erhitzen, kalt stellen und danach glatt mixen. Die Masse dann aufstreichen und trocknen bei 65°C.

SCHOKOLADENSTEINE

100g Valrhona Manjori Kuvertüre | 50g Kaolin

Kuvertüre erwärmen und das Kaolin unterkneten, Steine abdrehen und aushärten lassen.

APRIKOSENKAVIAR

250g Aprikosenpüree | 8g Loata | 1 l Olivenöl

Das Aprikosenpüree mit Loata aufkochen und in eine Spritzflasche füllen. Das Olivenöl im Kühlhaus auf Eiswasser kalt stellen und die Aprikosenmasse im dünnen Strahl ins Öl dressieren.

THYMIANCREME

100g Milch | 30g Wasser | 18g Zucker | 3g Gella Low | 70g Mandelpaste | 30g Joghurt
Zitronenabrieb | 70g Thymian

Die Mandelpaste, Joghurt, Zitronenabrieb mit dem Thymian in den Thermomix geben und verrühren, Milch, Wasser, Zucker und Gella Low zusammen aufkochen und Zusammen mit den anderen Zutaten aufmixen, erkalten lassen und glatt mixen.

BUTTERMILCH-ZITRONENEIS

750 ml Buttermilch | 750 ml Sahne | 300g Eigelb | 300g Zucker | 150g Glukosepulver | 2 Zitronen

Buttermilch, Sahne, Zucker und Glukose zusammen erwärmen (es darf nicht kochen), Den Abrieb von 2 Zitronen zugeben und ziehen lassen, Eigelbe auf dem Wasserbad aufschlagen, Die Buttermilch passieren und langsam in die Eier einrühren und zur Rose abziehen.

Gal Ben Moshes Restaurant Glass ist genauso individuell, eigenwillig, kosmopolitisch und brillant wie er selbst. Hier hängen die Blumen von der Decke und die Gäste bekommen zum Nachtisch ein Picknick serviert. Das Glass liegt im recht verschlafenen Charlottenburg, doch der Ruhm von Gal Ben Moshes Küche reicht bis an die andere Seite der Welt. Tischdecken sucht man vergeblich, aber die Reservierungsliste wird immer länger. Bevor er vor zwei Jahren mit dem ausdrücklichen Wunsch nach Berlin kam, hier ein Restaurant zu eröffnen, arbeitete Gal Ben Moshe in seiner Heimatstadt Tel Aviv, in London und in den USA. Große Namen wie Gordon Ramsey und Grant Achatz zieren seinen Lebenslauf. Warum jetzt Berlin? Weil er hier sein kulinarisches Ding machen kann. Die Stadt weiß es zu schätzen.

GAL BEN MOSHE

GLASS // KOSMOPOLITISCH // FLIRREND

RIPPCHEN, TARÉ SAUCE, ORANGENMARMELADE, GEGRILLTE AVOCADO, RADIESCHEN-EIS

Für 4 Personen

RIPPCHEN

2 kg Rippchen, am besten von amerikanischem Rindfleisch

Entweder sous-vide für 2 Tage bei 56°C oder bei 80°C für 4 Stunden im Ofen gegart. Anschließend das Fleisch vom Knochen schneiden und in ca. 4 cm große Würfel schneiden. Danach auf dem Grill rösten, bis die Kerntemperatur 56°C beträgt.

TARÉ SAUCE

200g Usukuchi Sojasauce | 100g Sake | 100g Mirin

Alle Zutaten zusammen aufkochen und ca. 1 Stunde köcheln lassen, bis die Flüssigkeit reduziert ist und eine leicht sämige Sauce entsteht.

ORANGENMARMELADE

185g Schalotten | 25g Butter | 500g Wasser | 60g Weißwein-Essig | 100g Zucker
7g Salz | 185g Orangen | schwarzer Pfeffer

Schalotten in kleine Würfel schneiden. Anschließend mit Butter, Wasser, dem Essig, Zucker und Salz leicht köcheln lassen, bis die Schalotten gar sind und die Flüssigkeit verdampft ist. Die Masse dann auf Backpapier streichen und auskühlen lassen. Anschließend die Orangen in kleine Würfel schneiden und mit der erkalteten Schalottenmasse vermengen. Mit Pfeffer würzen.

GEGRILLTE AVOCADO

1 Hass-Avocado

Avocado halbieren, Kern entnehmen und von der Haut lösen. Anschließend von allen Seiten grillen.

RADIESCHEN-EIS

1 Bund Radieschen

Im Entsafter Radieschen-Saft herstellen und durch ein Sieb streichen. Dann einfrieren und von der gefrorenen Masse mit der Gabel "Radieschen-Schnee" entnehmen.

ANRICHTEN

Einen Löffel Orangenmarmelade hinzufügen und mit einer Scheibe Avocado anrichten.
Zum Schluss etwas "Radieschen-Schnee" darüber verteilen.

THUNFISCH-SASHIMI, WASSERMELONE, FENCHEL UND BASILIKUM

Für 4 Personen

SASHIMI

500g Yellowfin Thunfisch vom Mittelstück | Salz

Den Thunfisch in 2 cm große Würfel schneiden.

WASSERMELONEN-SALAT

1 rote Wassermelone | 1 gelbe Wassermelone

Die Wassermelonen in 1 cm große Würfel schneiden. Die roten Melonenstücke auf dem Grill so lange grillen, bis sie von allen Seiten leicht gebräunt ist.

SERVIEREN

Junger Fenchel | Mini-Basilikum

Den Fenchel sehr fein schneiden. Thunfischwürfel auf den Teller legen. Wassermelone drumherum drapieren. Mit Meersalz würzen und mit Fenchel und Basilikum garnieren. Kalt servieren.

SI AN TRUONG

DISTRICT MÔT // FERNWEH // ANGEWEHT

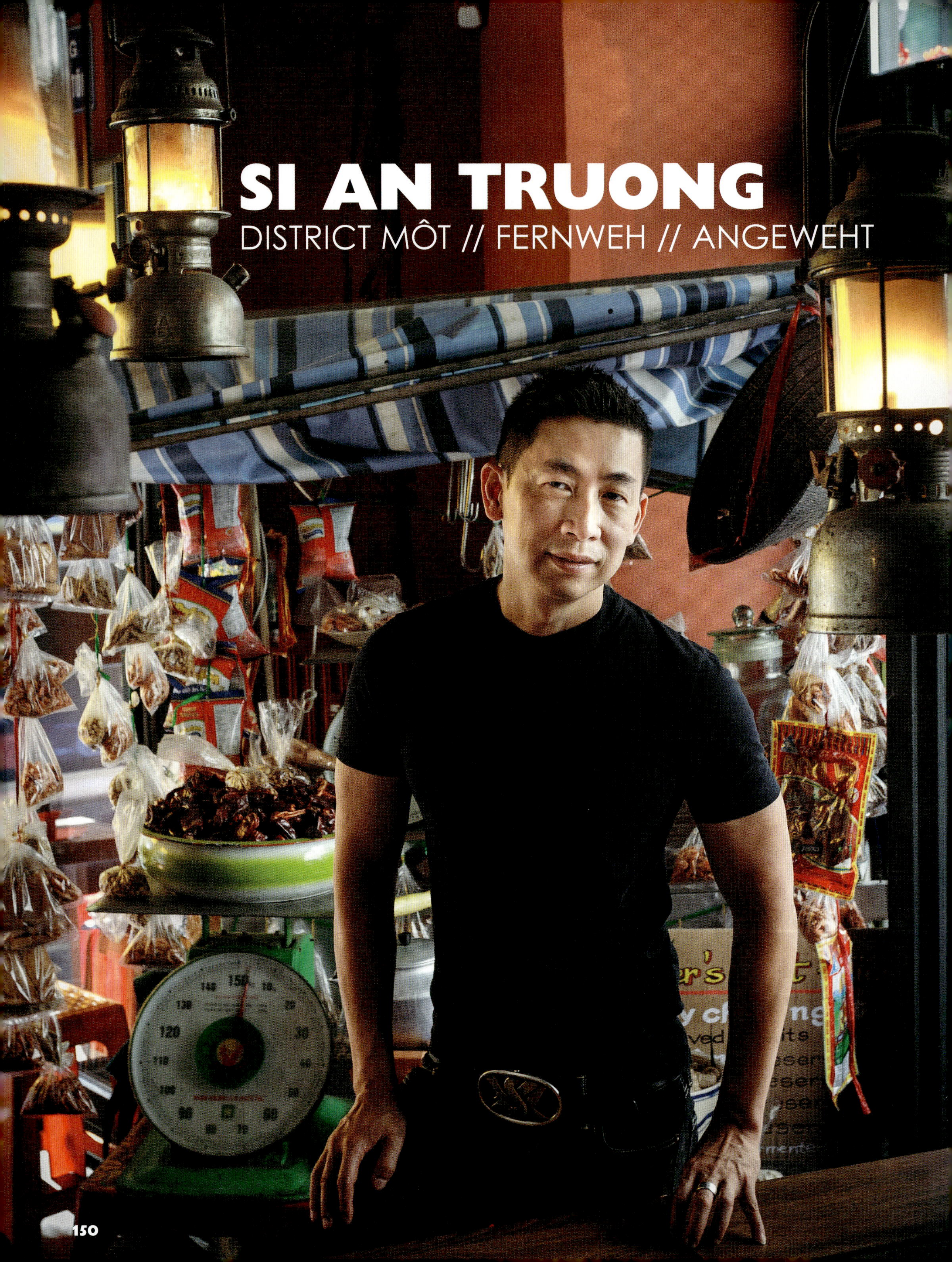

Wer akutes Fernweh hat, kann es im District Môt kurieren. Im District Môt wird authentisches Saigon Street Food serviert und dem Inhaber Si An Truong ist es wunderbar ernst damit. Auf leicht wackligen Hockern sitzt man in seinem Restaurant wie an einem vietnamesischen Straßenimbiss. Das ganze Dekor inklusive echtem Imbisswagen und falsch verlegten Stromleitungen, die von der Decke hängen, vermittelt improvisiertes Straßenflair. Es gibt zwar eine Speisekarte auf deutsch, aber das ist auch schon alles, was daran erinnert, dass man leider doch nicht in Saigon ist. Die Gerichte jedenfalls werden ohne Rücksicht auf deutsche Essgewohnheiten serviert. Ganz Abenteuerlustige bestellen Froschschenkel oder frittierte Seidenraupen. Ist Authentizität das Geheimrezept für den Erfolg? Si An Truong ist sich da ziemlich sicher.

BANH TRANG NUONG

Für 4 Personen

100g Schweinehackfleisch | 1 Bund Frühlingszwiebeln | 4-6 Blätter Reispapier | 100g getrocknete Shrimps
2-3 Wachteleier | Sriracha- bzw. Chili-Sauce

Das Schweinehack in der Pfanne scharf anbraten. Die Frühlingszwiebeln fein hacken. Das Reispapier auf den Grill legen. Darauf die getrockneten Shrimps, das Schweinehack, die Frühlingszwiebeln und das Wachtelei, mit einem Löffel gut verteilen. Beim Grillen das Reispapier immer im Kreis drehen, damit sich die Hitze gleichmäßig verteilt. Sobald das Ei fest geworden ist etwas Sriracha-Sauce darüber geben, die Hälfte des Reispapiers umschlagen und gleich heiß genießen.

SUON NUONG

Für 4 Personen

500g Schweinerippchen | 3 EL Sojasauce | 3 EL Honig | 2 EL Sesamöl | 1 TL Pfeffer
2 Stangen Zitronengras | 2 Knoblauchzehen

Die Rippchen abwaschen und abtropfen lassen. Alle flüssigen Zutaten in eine Schüssel geben, die Zitronengrasstängel dritteln und mit dem Messerrücken weich, Knoblauchzehen fein hacken und beides in die Schüssel geben. Die Rippchen von beiden Seitengut mit der Marinade einreiben, in eine Form legen und die restliche Marinade auf die Rippchen geben. Im Kühlschrank abgedeckt 3 Stunden ruhen lassen. Danach geht es auf den Grill damit.

98

MUC NUONG XA OT

300g Calamares | 1 Stange Zitronengras | 2 Knoblauchzehen | 2 EL Sesamöl | 1 TL Curcuma | 1 EL getrocknete Chili-Sauce | 1 EL Salzwasser | 1 Prise Pfeffer | 1 EL Zucker

Calamares abwaschen und in daumenbreite Streifen schneiden. Auf der Außenseite kleine Kreuze einritzen. Das Zitronengras dritteln und weich klopfen, Knoblauch fein hacken, alles zusammen in einer Schüssel vermengen. Die Calamari-Streifen dazu geben und ordentlich darin wälzen. Dann 3 Stunden im Kühlschrank ruhen lassen. Danach auf den Grill legen.

MUOI TIEU CHANH

1 TL Salz | 1 TL Pfeffer | 1 frische Chili | ½ Zitrone

Salz, Pfeffer und die fein gehackte Chili in eine Dip-Schale geben, den Saft der halben Zitrone dazu geben und vermengen.

FRÜHLINGSROLLE

Frischer Koriander | Frische Minze | Thai-Basilikum | Blattsalat | Gurke | Reisnudeln | Reispapier

Alle Zutaten klein geschnitten und in beliebiger Menge in Reispapier wickeln.

NUOC MAM DIP

3 EL Fischsauce | 1 TL Honig | 1 Knoblauchzehe | 1 rote Chili | 1 Limette | 3 EL Wasser

Fischsauce und Honig in eine Dip-Schale geben. Knoblauch und Chili fein hacken, Limette pressen und alles zusammen dazu geben. Mit Wasser verdünnen und abschmecken.

burger de ville
by twenty five hours hotels

JÜRGEN KLÜMPEN

BURGER DE VILLE // KULT // MOBIL

Jürgen Klümpen ist immer auf Achse. Wenn der gelernte Koch nicht gerade am Herd steht oder für das Familienunternehmen mit Schnittblumen handelt oder Hotelrestaurants managet, dann hat er viele Ideen. In New York hatte er die Idee mit den Burgern. Sehr, sehr gute Burger aus regionalen Zutaten, serviert in einem modernen unkomplizierten Restaurant. Zurück in Deutschland hat er damit erstmal klein, aber fein angefangen. Und mobil. Aus einem amerikanischen Airstream heraus serviert er seine Burger, von denen man munkelt, sie seien die Besten der Stadt. Auch die Funky Fries haben in der Stadt viele überzeugte Anhänger. Das kultige Burger-Mobil von Jürgen Klümpen steht übrigens neuerdings am Checkpoint Charlie. Vor kurzem hat er noch ein zweites eröffnet. In Wien. Man ist ja mobil.

VEGETARISCHER BURGER

Für 4 Personen

4 Portobello Pilze | 8 Scheiben Halloumi , ca. ½ cm | 4 Burger Buns | Sundried Tomato Aioli
8 Scheiben Tomaten | Rucola | 2 rote Paprika, gegrillt | Salz, Pfeffer

Portobello Pilze beidseitig würzen. Grill mit Olivenöl leicht einsprühen und die Pilze ca. 3,5 Minuten auf beiden Seiten grillen. Halloumi ebenfalls von beiden Seiten grillen bis er leicht gebräunt ist. Burger Buns in zwei Hälften teilen, mit etwas Butter bestreichen und toasten. Den oberen Teil mit Sundried Tomato Aioli bestreichen und mit Rucola, Tomate und je einer halben gegrillten Paprika belegen. Je zwei Scheiben Halloumi und einen Portobello Pilz auf den unteren Teil legen und zusammenklappen.

SUNDRIED TOMATO AIOLI (CA. 1 LITER)

150g gekochte Kartoffeln | 20g Knoblauch | 850g Mayonnaise | 200g getrocknete Tomaten in Öl
Salz und Pfeffer zum Abschmecken

Kartoffeln schälen, 30 Minuten kochen, abtropfen und abkühlen lassen. Knoblauch schälen und mit den kalten Kartoffeln im Mixer vermengen. Mayonnaise hinzugeben und kurz mit mixen. Abfüllen und kaltstellen. Sonnengetrocknete Tomaten gut abtropfen, grob schneiden und in einem Mixer fein zerkleinern. In einer Schüssel mit dem Aioli vermischen und abschmecken.

BBQ-BURGER

Für 4 Personen

400g Rinderhack | 4 Scheiben roter Cheddar | 60g karamellisierte Zwiebeln | 4 Burger Buns | BBQ-Sauce
8 Scheiben Bacon | Lollo Bianco | Salz, Pfeffer

Aus dem Rinderhack Patties zu je 100g formen. Diese von einer Seite würzen und mit der gewürzten Seite auf den Grill legen. Kurz anbraten und mit einem Rundblech flach drücken, Oberseite würzen und ca. 1,5 Minuten grillen. Danach umdrehen und nochmals ca. 1 Minute grillen und mit je einer Scheibe Cheddar Käse belegen. Die karamellisierten Zwiebeln erhitzen. Burger Buns in zwei Hälften teilen, mit etwas Butter bestreichen und toasten. Den oberen Teil mit BBQ-Sauce bestreichen und mit Zwiebeln, Salat und Bacon belegen.
Die Patties auf den unteren Teil legen und zusammenklappen.

BBQ-SAUCE (CA. 1 LITER)

200g Zwiebeln | 80g Knoblauch | 12g Cumin (Kreuzkümmel) | 2g Chili, getrocknet | 50 ml Olivenöl
12 ml Espresso | 240 ml Apfelessig | 120 ml Whiskey | 500 ml Ketchup ohne Zusatzstoffe
250g brauner Zucker | Salz zum Abschmecken

Zwiebeln und Knoblauch klein schneiden und zusammen mit dem Cumin und Chili in Olivenöl glasig dünsten. Nicht braun werden lassen. Espresso, Essig, Whiskey und Salz dazu geben und kurz mit aufkochen lassen. Die Masse mixen, bis keine Stücke mehr zu sehen sind. Ketchup und Zucker dazu geben und glatt rühren. Alles bei geringer Hitze reduzieren bis die gewünschte Konsistenz erreicht ist. Abfüllen und kaltstellen.

KARAMELLISIERTE ZWIEBELN

250g rote Zwiebeln | 20g Zucker | 40g Butter

Zwiebeln in grobe Streifen schneiden, mit der Hälfte der Butter glasig anbraten. Den Zucker und den Rest der Butter hinzugeben, bis die Zwiebeln weich und glänzend sind. Kaltstellen.

LIMETTENSORBET

650 ml Limettensaft (ca. 15 ungespritzte Limetten) | 520 ml Wasser | 300g Zucker
125g Glukosesirup (Fachversand oder beim Konditor erfragen)

Zuerst das Wasser mit dem Zucker und Glukosesirup kurz aufkochen und abkühlen lassen. Die Limetten heiß waschen, mit einem Tuch abtrocknen und die Schale von mindestens 10 Limetten mit einer sehr feinen Reibe (z.B. Microplan) abreiben. Soviele Limetten auspressen, dass man insgesamt ca. 650 ml Saft erhält. Der Saftgehalt variiert sehr stark je nach Größe, Herkunft und Jahreszeit.
Jetzt den Limettensaft mit dem Abrieb der Schale und dem Zuckersirup vermischen und in der Eismaschine frieren. Am besten schmeckt das Eis im Sommer frisch aus der Maschine. Wer keine Eismaschine hat, kann auch eine Metallschüssel in die Gefriertruhe stellen und gelegentlich umrühren. Ideale Begleiter: frische süße Beeren, Minze, Prosecco.

NIKO ROBERT

HOKEY POKEY // SÜCHTIG // HIMMLISCH

In seinem früheren Leben war Niko Robert Patissier in der Sternegastronomie. Im Juni 2011 eröffnete er seine eigene Eispatisserie Hokey Pokey und produziert quasi Sterneeis. Denn der Anspruch, der ist geblieben. Hokey Pokey ist eine neuseeländische Eiserfindung aus Vanilleeis und Karamellstückchen. Angeblich sind die Neuseeländer süchtig danach. Das geht den Berlinern jetzt genauso. Die Schlangen vor Niko Roberts kleinem Laden sind mittlerweile Stadtlegende. Für das Hokey Pokey nimmt der Eispatissier übrigens die Bourbon Vanille mit dem üppig blumigen Aroma und den Karamell macht er natürlich selber. An jede Kreation egal ob Sorbet, Milcheis oder eine Mischung aus beidem, hat er den selben hohen Anspruch: den perfekten Geschmack. Um den zu finden, tüftelt er auch schon mal ein paar Wochen mit seinen Konditoren Marie Schacht und Christian Heinrich an einer neuen Sorte.

Sympathisch und gut. Mehr Worte braucht es eigentlich nicht um The Village, das Feinkost-Café in Charlottenburg, treffend zu beschreiben. Deswegen ist die Küche der Amerikanerin auch schon über die Bezirksgrenzen hinaus beliebt. Stammgäste, Freunde des Hauses, Stadtbesucher und gelegentlich auch Prominenz wissen den guten Mittagstisch zu schätzen und belegen schnell die begehrten Plätze im kleinen Café. Auch der Kuchen von Susan Reed-Neumann hat einen immer größer werdenden Fanclub. Pies, Tartes und Cheesecakes werden täglich frisch gebacken und haben sich dann ganz schnell verkrümelt. „Ich koche und backe was mir Freude macht", sagt Susan Reed-Neumann, „am liebsten mit guten Produkten aus der Region. Die richtige Mischung aus Freude am Kochen und guten Zutaten, das ist mein Geheimrezept!"

SUSAN & MATTHIAS NEUMANN

THE VILLAGE // FREUDE // FRISCH

BBQ-CHICKEN MIT OFENKARTOFFELN UND COLE SLAW

Für 4 Personen

4 Hähnchenschenkel | 4 große Kartoffeln

Die Kartoffeln schälen, in Spalten schneiden, mit einer Prise Salz und etwas Öl mischen und auf einem Blech mit Backpapier bei 200°C für 25 Minuten (Umluft) backen.

COLE SLAW (AMERIKANISCHER KRAUTSALAT)

1 kleiner Weißkohl | 1 Karotte | 1 TL Salz | 1 TL Zucker | 2 EL Apfelessig
150g Mayonnaise

Den Weißkohl in feine Streifen schneiden, mit Salz und Zucker kneten und die geriebene Karotte zugeben, mischen, Apfelessig und Mayonnaise unterheben.

BBQ-SAUCE

2 kleine Zwiebeln | 80g brauner Zucker | 50g Apfelessig | 80g Sojasauce | ½ TL getrocknete Chili | ½ TL Salz
1 TL Cumin | 185g Tomatenmark | 225 ml Wasser

Die Zwiebeln fein würfeln und in Sonnenblumenöl glasig schwitzen, dann braunen Zucker, Apfelessig und Sojasauce hinzufügen und 2 Minuten köcheln. Danach die restlichen Zutaten, inklusive Wasser, hinzufügen und für weitere 15 Minuten köcheln lassen. Idealerweise bereitet man die Sauce einen Tag im voraus zu. Gekühlt ist sie etwa eine Woche haltbar.

Die Hähnchenschenkel mit BBQ-Sauce bestreichen und abgedeckt für 1 Stunde im Kühlschrank ruhen lassen, dann bei etwa 180°C (ohne Umluft) für 40 Minuten backen. Die Backzeit hängt von der Größe der Schenkel und dem Ofen ab. Außerdem muss man zwischendurch nachschauen, da die Sauce durch den Zuckeranteil schnell karamellisiert und schwarz wird.
Falls nötig, die Schenkel bis zum Ende der Garzeit abdecken.

NENI BY HAYA MOLCHO

25HOURS // BALAGAN // INSPIRIERT

Balagan! Damit bezeichnet man in Israel ein sympathisches Chaos, ein richtiges Wirrwarr oder eine komplette Unordnung. Haya Molcho bezeichnet so ihre Küche. Sie liebt es, wenn der Tisch vollgeladen ist mit orientalischen Köstlichkeiten, wenn jeder von jedem essen darf, wenn es am Tisch herzlich zugeht und laut. Genauso sind auch die Speisekarten in ihren erfolgreichen Restaurants, dem berühmten Original Neni in Wien am Naschmarkt und den beiden neuen Nenis in den 25hours hotels in Zürich und Berlin. Haya Molchos israelische Küche kann persische, russische, arabische und marokkanische Einflüsse ebenso wenig verleugnen, wie türkische, spanische, deutsche und österreichische. Aus Fisch, Fleisch und Gemüse können sich die Gäste kleine und große Portionen zusammenstellen zum Probieren und Teilen. Gekocht wird von den Küchenteams in einer offenen Küche. Serviert wird, was fertig ist, damit alle zugreifen können. Balagan eben.

SABICH

Für 4 Personen

1 mittelgroße Aubergine | 1-2 Tomaten | ½ Salatgurke | 100g Tahina | 240g Humus | Blattpetersilie | Koriander | 4 Eier (Bio) | 0,1g Xantan | Salz, Pfeffer | Zitronensaft | 4 Pitabrote

Tomaten und Gurken in Würfel schneiden und mit Zitronensaft, Koriander, Petersilie, Salz und Pfeffer abschmecken. Aubergine in Würfel schneiden, mit etwas Stärke vermengen und frittieren, gut abtropfen lassen.

Die Bio-Eier wachsweich kochen. Pitabrote kurz warm machen, die oberen Viertel abschneiden und mit Humus, gekochtem Ei, Tomaten-Gurken-Salat und Aubergine füllen.Zum Schluss etwas Tahina dazugeben und genießen.

RUBEN SANDWICH

Für 1 Person

2 Scheiben Sauerteigbrot | 60g Pastrami | 1 EL Mayonnaise | 1 TL Dijon Senf, körnig | 1 mittelgroße Salzgurke
100g Sauerkraut | Zucker | Salz | Rapsöl | Weißweinessig | Cumin | Curcuma

Sauerteigbrot in der Pfanne rösten. Mayonnaise und körnigen Dijon Senf mischen und die gerösteten Brotscheiben damit bestreichen.

Sauerkraut mit etwas Cumin, Curcuma, Essig, Zucker und Salz lauwarm erhitzen. Abwechselnd Pastrami, Salzgurke und Sauerkraut schichten. Deckel drauf und fertig.

NANCY GROßMANN

WEINLADEN SCHMIDT // SCHÖN // PERLEND

„Schmecken muss es!", sagt Nancy Großmann über ihren Weingeschmack und lacht. Die junge Berliner Sommelière ist verantwortlich für die Weinbar vom Weinladen Schmidt am Kollwitzplatz. Aus über 1000 Weinen sucht sie für jeden Gast und jede Gelegenheit die passende Flasche aus. Ihren Gaumen hat sie in Portugal, Österreich, der Schweiz und in Bayern geschult. Luftsprünge? Die macht Nancy Großmann wenn sie Neues entdeckt, am Liebsten spannende Winzer, gehaltvolle Weine, interessante Jahrgänge und schöne Weingüter.

2011 HOCHHEIMER KIRCHENSTÜCK ERSTES GEWÄCHS WEINGUT KÜNSTLER

Die Spitzenlage in Hochheim, mit Südausrichtung, ist sonnenverwöhnt, hier ist der Boden mit einem hohen Feinsandanteil vorhanden. Der Wein hat Volumen und steht mit zarten, mineralischen Aromen von Pfirsich, Honigmelone und Obstblüten im Glas. Brillante Säure, verspielt und elegant zugleich. Die Weine reifen früher und haben ein hohes Lagerpotential.

2012 SIEFERSHEIMER RIESLING „VOM PORPHYR" QBA TROCKEN WEINGUT WAGNER STEMPEL

Aus den besten Parzellen der als „Große Lage" klassifizierten Höllberg und Heerkretz, die für ausgesprochen steinige, skelettreiche Sand-, Schotter- und Lehmböden mit Porphyr-Gestein stehen. Mit intensivem und komplexem Duft von gelber reifer Frucht in der Nase, wird das Ganze gesteigert durch die Bodenbeschaffenheit und die Traubenselektion und die lange Gärzeit, all das macht diesen Wein so herrlich mineralisch kraftvoll. Das feine Säurespiel ist markant und süffig.

2012 GRAUBURGUNDER „S" QBA TROCKEN WEINGUT EMRICH-SCHÖNLEBER

Nicht laut, ohne opulente Frucht, stattdessen mit weichen Anklängen von Heuaromen und Nuancen von grasigen, floralen Nuancen in der Nase. Im Geschmack besticht der Grauburgunder mit Cremigkeit und Mineralität, welche getragen wird von zarter Säure, die Struktur des Körpers baut sich Mund füllend auf, Harmonie breitet sich voll Finesse aus. Im Rückgeschmack bleiben nussig, citrische Nuancen, viel Schmelz und langer Nachhall.

CUVÉE KATHARINA BRUT BLANC DE NOIR TRADITIONELLE FLASCHENGÄRUNG SEKTHAUS RAUMLAND

„Cuvée Katharina" ist eine „Burgundercuvée" aus verschiedenen Jahrgängen und wird aus überwiegend Spätburgunder- und Schwarzriesling-Trauben weiß gekeltert. Sie ist benannt nach einer Tochter des Hauses Raumland.

Die „Cuvée Katharina" präsentiert sich sehr harmonisch, kraftvoll mit feinen Biskuit- und Walnussaromen. 24 Monate auf der Feinhefe, klassische Flaschengärung. Am Ende besticht sie mit feiner Perlage und sanfter Eleganz.

2009 STEINBUCKEL SPÄTBURGUNDER GG WEINGUT PHILIPP KUHN

Der Steinbuckel ist der 150 m hohe Südhang eines Talkessels nördlich von Laumersheim. Das große Gewächs präsentiert saftige Kirscharomen in der Nase, gepaart mit rauchigen und toastigen Noten. Am Gaumen ist das Tannin sportlich, ungemein kraftvoll und zugleich elegant. Die Struktur des Weins und eine geniale Würze bescheren einen langen Nachhall. Im Rückgeschmack paart sich Nelke mit feinen, sehr eleganten Holzaromen. Der tiefe Kalksteinboden beschert dem Wein am Ende eine Fülle und Intensität, die sonst großen Burgunderweinen vorbehalten ist.

DAVID BISCHOF
ROBERT PROTZMANN

WEEKEND CLUB // LEGENDÄR // LUFTIG

Dieser Blick! Unter einem der Alex und direkt vor der Nase/Fresse der Fernsehturm in seiner ganzen langen Pracht. Drumherum Berliner Himmel. Mehr Berlinblick geht fast nicht. Seit 10 Jahren wird in der 12. und 15. Etage des ehemaligen Haus des Reisens der DDR mit diesem überwältigenden Blick, gefeiert, getrunken und getanzt. Der Weekend Club ist ohne Frage eine der Nachtlegenden der Stadt und gönnte sich gerade, wie jede anständige Diva von Zeit zu Zeit, eine Schönheitskur. Im Sommer wurde wiedereröffnet und die Party geht weiter.

MOSCOW MULE

24 cl Wodka | 2-3 Gurkenscheiben | Ginger Beer

Longdrinkglas mit Eis auffüllen und die Gurkenscheiben drappieren, Wodka eingießen und mit Ginger Beer auffüllen

SAKE-POLITAN

7 cl Sake | 2 cl Cointreau Triple Sec | 2 cl Cranberrysaft
Spritzer frischgepresste Limette (Menge nach Geschmack)

Mixglas mit Eiswürfeln füllen, Sake, Cointreau, Cranberry- und Limettensaft einfüllen. Bostonshaker drauf und gut shaken. Longdrinkglas mit Eiswürfeln auffüllen und Drink abseihen.

Den Wein inszenieren!

Von der Werbung zum Wein. Das wäre eine allzu knappe Beschreibung des Werdegangs von Frank Krüger, mittlerweile Sommelier bei der renommierten Berliner Weinhandlung Wein & Glas Compagnie. Seine berufliche Karriere hat Frank Krüger bei der Werbeagentur „Zum goldenen Hirschen" in Hamburg begonnen. Aber die Leidenschaft für Wein hat ihn einen anderen Weg gehen lassen. Mittlerweile inszeniert er seit über sechs Jahren für Wein & Glas am liebsten die Individualisten unter den Winzern. Die dynamische Berliner Gastroszene versorgt er mit aufregenden Weinen und das dazugehörige Fachwissen liefert er in Verkostungen und Seminaren gleich mit. Also vom Wein zurück zur Werbung? Frank Krüger lacht. Ausgezeichnete Weine verdienen einfach Aufmerksamkeit!

FRANK KRÜGER

WEIN & GLAS // EIGENSINNIG // KREATIV

2009 NEROJBLEO NERO D'AVOLA

Az. Agr. Gulfi, Sizilen

Hier geht es nicht um einen überreifen Nero d'Avola mit müder Säure. Im Gegenteil! Auf 500 Metern Seehöhe entsteht ein kühler „Organic Wine" der Extraklasse. Die sizilianische Rebsorte schlechthin überzeugt bei Gulfi mit frischer Cassis Frucht, Sardelle und schwarzen Oliven.

Spaghetti Puttanesca in der Flasche!

2011 FAUGÈRES AOP CUVÉE RESERVE

Domaine Binet-Jacquet, Languedoc

Wie kommt die Frische in den Wein? Diese Frage stellt sich Olivier Binet jeden Tag im heissen Languedoc. Der Schlüssel ist die Kombination aus verwitterten Schieferboden, uralten Reben und einer profunden biodynamischen Arbeitsweise. Die Cuvée aus Grenache, Carignan, Syrah und Mourvedre zeigt sich kühl, seidig mit enorm präzisen sanften Tanninen. Brillianter Stoff!

2011 BLAUFRÄNKISCH RESERVE

Moric, Burgenland

Roland Velich, der Kopf hinter Moric, liebt großen Pinot Noir und feinen Nebbiolo. Diese beiden Rebsorten scheint der Winzersohn und ehemalige Croupier ausdauernd verkostet zu haben. Seine Interpretation von Blaufränkisch befindet sich nämlich stilistisch irgendwo in der Mitte der genannten Beispiele. Zart aber kraftvoll, frisch und vibrierend, finessenreich mit rustikalem Touch. Dunkle Wildkirsche, Lakritz, Rauch und Trüffel! Ein faszinierender Rotwein!

2012 WILD THING RIESLING SPÄTLESE FEINHERB

Anthony Hammond – Garage Winery, Rheingau

Der Deutsch-Amerikaner Anthony Hammond ist ein „vinologisches" Puzzle: Erst eine Kellnerlehre bei Eckart Witzigmann dann eine Winzerlehre im Weingut Dr. Heger und final die Gründung der eigenen Garage Winery. Ganz klar „Wild Thing"! Dieser Riesling symbolisiert Anthony's Style: Spontan vergoren, frisch mit herber Süße ohne Kitsch, schiefrig, steinig, juicy! Trinken – und zwar sofort!

2012 STETTENER LEMBERGER „UNTERER BUNTER MERGEL"

Weingut Beurer, Württemberg

Jochen Beurer ist 2013 durchgestartet! Er wurde VDP Mitglied und Demeter zertifiziert. Glückwunsch! Aber eigentlich nur die logische Konsequenz, denn die Weine haben in den letzten Jahren eine enorme Entwicklung genommen. In den Remstaler Höhenlagen erzeugt Beurer biodynamische Weine bei denen Spontangärung und langes Hefelager Standard sind. Das tut dem Lemberger gut, der mit kühler dunkler Frucht, präziser Säure und herber Pikanz auf dem Gaumen aufschlägt. Weiter so Jochen!

MONKEY BAR

MARCO WEINHOLD // HOCH HINAUS // FERNWEH

Affenpfleger steht auf der Visitenkarte von Marco Weinhold. Seitdem er Barmanager der vor wenigen Monaten eröffneten Monkey Bar ist, gehören Affen für ihn einfach mit zum Geschäft. Schließlich pilgern Berliner und Stadtbesucher nicht nur wegen der wunderbar individuellen Getränkekarte in die Bar im zehnten Stock des 25hours hotel, sondern auch wegen des einmaligen Blicks, direkt in die Affengehege des Berliner Zoos. Die Drinks in der Monkey Bar brauchen den nationalen und internationalen Vergleich nicht zu scheuen. Mit einer exquisiten Spirituosenauswahl, vielen selbst gemachten Zutaten und bemerkenswert originellen Rezepturen haben sich Marco Weinhold und sein Barteam innerhalb kürzester Zeit einen Platz im Berliner Barhimmel erobert.

GARDEN TONIC

5 cl würziger Gin | 0,5 cl Maraschinolikör | Tonic Water
2 Spritzer Sellerie Bitter | 2 Maraschino Kirschen | 2 Zweige frische Minze oder Stangensellerie

Gin und Maraschinolikör in ein mit Würfeleis gefülltes Longdrinkglas geben und mit Tonic auffüllen. Zwei Spritzer Sellerie Bitter dazugeben und mit Kirschen und Minze dekorieren.

PINEAPPLE MEZCAL COOLER

6 cl Mezcal mit rauchiger Geschmacksnote | 2,5 cl Limettensaft | 2 cl Agavendicksaft
2 Scheiben frische Ananas | Soda

Ananas mit Agavendicksaft fein pürieren. Ein Longdrinkglas oder einen Tiki-Becher mit Crushed Ice füllen, alle Zutaten auf Eis gut shaken und in das Glas abseihen. Mit Soda auffüllen und mit Ananas und Schirmchen garnieren.

ĐƯỜNG

KULINARISCHE STATEMENTS

Die gastronomische Landschaft in Berlin wäre ohne Feinkost, Manufakturen und Produzenten besonderer Lebensmittel nicht denkbar. Viele unserer Köche pflanzen eigene Kräuter an, verwenden spezielle Zutaten oder entwickeln sogar Produkte. Handwerklichkeit spielt hier eine besondere Rolle, die Leidenschaft für eine besondere Qualität, aktuelle Trends, neue Themen. Unsere kulinarischen Rundgänge sind Begegnungen mit Menschen, die sich täglich für eine besondere Kulinarik engagieren und ganz wesentlich den Geschmack der Hauptstadt mit in Szene setzen.

KULINARISCH VERSÖHNT

„Im Süßkramdealer schreiben wir jeden Tag ein kleines Stück kulinarische Geschichte: Handwerklichkeit trifft auf neuartige Rezepturen, das Süße versöhnt sich mit dem Salzigen, Tradition zelebrieren wir urban, neu, anders. Viel Herzblut und Erfahrung steckt in den oft jahrtausendealten Ideen und Rezepturen. Und wir übersetzen das kulinarische Erbe in unsere Zeit: Wir dealen mit Süßkram, das macht süchtig."

Martin Hesse, Süßkramdealer

MIT ALLEN SINNEN

„Geschmack ist eine ganzheitliche Erfahrung und spricht alle Sinne an. Das ist schon immer unser Ansatz. Für die Theorie haben wir das Buch, für den Gaumen handwerkliche Qualität, für das Auge die wunderbare Welt natürlicher Farben. Und bei uns duftet es immer nach frischem Essen zum leisen Klang werkender Küchenhände."

Andreas Klöckner / Sascha Rimkus, Goldhahn & Sampson

AUTHENTISCH MUSS ES SEIN

„Unsere Inspiration ist die Reise, das unterwegs sein, die Begegnung mit Menschen, bei der die Kulinarik immer eine wichtige Rolle spielt. Was in den Küchen der Welt täglich entsteht, soll auch bei uns so authentisch wie möglich zubereitet und verkostet werden. Eine kleine kulinarische Weltreise im urbanen Raum."

Carola Doering / Pia Koppelkamm, Bellwinkel

EINE GROSSARTIGE ZEIT

„Wir leben in dieser großartigen Zeit, in der wir mit einiger Mühe die Ursprünge unseres Essens erleben und zugleich mit Wissen und ein bisschen Technik großartige Dinge auf den Teller bringen können. Wir wollen mit unserem Ladenkonzept immer nah dran sein an unseren Lebensmitteln: Nah am Highland-Rind, dem Freiland-Schwein, am Ostsee-Dorsch, der Möhre und ihrer Erde .... und auch nah dran am Herd, den Menschen, am Ursprung."

Frank Lüske, Biolüske

DIE BÜHNE ENTSCHEIDET

„Wo Profis kochen, geht es heiß her. Da braucht man starke Nerven und das passende Werkzeug für einen überzeugenden Auftritt. Vom Messer bis zum Porzellan, auf dem das Essen inszeniert wird. Nur professionelle Performance lädt ein zum Genießen. Unsere Mission bei Schönwald Porzellan: Alle Leidenschaft für einen perfekten Teller."

Matthias Schöffel, Schönwald Porzellan

Foto: Roberto Careri, Trinacria | Der Sizilianer

SO MUSS HEIMAT SCHMECKEN

„Unser Anspruch ist, das beste und frischeste Produkt zu liefern. Ganz oben steht dabei natürlich die Regionalität. Produkte aus dem Umland, die wir seit 20 Jahren mit Begeisterung entdecken und entwickeln. Brandenburg war Speckgürtel und Gemüsegarten Berlins. Das wollten wir vor 20 Jahren mit unserer Begeisterung für besondere Produkte aus der Region neu beleben. Von Anfang an war es uns eine Herzensangelegenheit, das Berliner Umland und die hier nachhaltig erzeugten Lebensmittel zu fördern und logistisch zu unterstützen. Bei uns treffen sich Landwirte und Spitzenköche, denen das Bewusstsein und die Verantwortung für Tier, Natur und Ressourcen wichtig sind."

Michael Kunzmann, Havelland Express

TIMING IST ALLES

„Die Qualität einer excellenten Küche hat viele Gesichter: Das richtige Timing ist ganz entscheidend. Alles muß auf den Punkt fertig und abgestimmt sein. Vor allem wenn live und vor Publikum gekocht wird. Weltweit verlassen immer mehr Köche den eigenen Herd und inszenieren ihre kulinarischen Handschriften im öffentlichen Raum. Unsere Aufgabe ist es, Ihnen den Rücken freizuhalten."

Stephan Mahnecke/Thorsten Geitel, Party Rent Berlin

VERRÜCKT NACH GESCHMACK

„Wir lieben Delikatessen - ihren Geschmack, ihre Vielfalt, die Textur, den Geruch. Wir sind verrückt nach exzellenten Produkten und immer auf der Suche nach dem Neuen, Anderen, Exotischen. Mehr als 11.000 Positionen umfasst unsere „Speisekarte" - und täglich werden es mehr. Die Welt der Kulinarik ist grenzenlos und wir verstehen uns als Botschafter unserer Produzenten, die mit ihren Produkten die Profi- und Hobby-Köche dieser Welt inspirieren."

Ralf Bos, Bos Food

AUS LEIDENSCHAFT

„Seit vielen Generationen entstehen unsere Glaskollektionen im Bayerischen Wald - eine Tradition, die heute noch weltweit in 120 Ländern geschätzt wird. Die besten Köche, Barkeeper und Sommeliers arbeiten täglich mit unseren Produkten. Ein Stück Heimat an den schönsten Orten der Welt."

Gerhard Frank, Zwiesel Kristallglas

HANDWERK UND GENUSS

„Willkommen im kulinarischen Großstadt-Dschungel. Hier ist die Bühne für ungewöhnliche Geschmackserlebnisse und handwerklich hergestellte Produkte. Unser Mobiler Biergarten ist diesem Spirit verpflichtet - bei uns kommt nur das Beste aus der Region auf den Grill. Und dazu das erste Pils der Welt! PILSNER URQUELL ist seiner original Rezeptur seit der Erfindung 1842 treu geblieben und stellt nicht nur beim Brauen höchste Qualitätsstandards. Bei Veranstaltungen ist die tschechische Traditionsbrauerei unser Partner, der sein Handwerk versteht und somit ein Genusserlebnis der ganz besonderen Art garantiert."

Koral, Olaf, Onur - Kitchen Guerilla, blog.kitchenguerilla.com

KULINARISCHE ENTERTAINER

„Kulinarik ist immer ein ganzheitlich-sinnliches Erleben und unsere Dinner-Shows im Spiegelpalast erweitern dieses Spektrum nochmals: Die Kombination von erstklassiger Unterhaltung mit exquisiten Gaumenfreuden schafft ganz besondere, intensive Momente. Gemeinsam mit unseren Gästen begeben wir uns in eine Phantasiewelt voller Artistik und Faszination - auf dem Teller und der Bühne gleichermaßen."

Hans-Peter Wodarz, Kolja Kleeberg, Palazzo Dinner-Show

KULINARISCHE RUNDGÄNGE

HAVELLAND EXPRESS ist einer der wichtigsten Partner der Gastronomie und Hotellerie. Sie sorgen dafür, dass in Berlin, aber auch über die Grenzen hinaus, regionale Produkte und Spezialitäten ein Thema sind. Das Unternehmen wurde 1992 von Michael Kunzmann und Horst Bernd Paech gegründet. Von einer Kühlzelle am Schwielowsee in Brandenburg belieferten sie mit ihrem gebrauchten Lieferwagen die Hotellerie und Gastronomie mit Lebensmitteln aus der Region Berlin-Brandenburg. Der Erhalt regionaler Tierarten und ihre artgerechte Aufzucht gehört zur Grundüberzeugung des Unternehmens, um die Geschmacksvielfalt zu bewahren. Heute umfasst das Warensortiment über 3.000 Produkte und 50 Mitarbeiter bearbeiten 24 Stunden am Tag die Aufträge. In unserem Buch wurden zahlreiche Rezepte mit diesen Zutaten kreiert.

BIOLÜSKE ist ein Mekka für alle Foodies und „Geschmacksfreaks". 2004 baute Frank Lüske ein ehemaliges Kino in Berlin Steglitz zu einem Lebensmittelmarkt um und schon ein Jahr später wurde das Geschäft mit dem Bio-Award „Sally 2005" ausgezeichnet. Das hat seinen Grund, denn Frank Lüske ist ein Jäger verlorener Schätze und engagiert sich tatkräftig für die besten nachhaltigen Produkte. Logisch, dass regionale Manufakturprodukte hier die Hauptrolle spielen. Im Kino gibt es regelmässig Kochkurse und kulinarische Filmabende.

Von Profis für Profis: SCHÖNWALD, eine Marke der BHS tabletop AG, gehört zu den weltweit führenden Anbietern von hochwertigem Porzellan für die Ausser-Haus-Verpflegung. Seit 135 Jahren ist SCHÖNWALD mit den speziellen Bedingungen in Großküchen sowie den hohen Ansprüchen der Gastronomen und Küchenchefs bestens vertraut. Die Marke zeichnet sich durch herausragendes praxisnahes Design, langlebige Kollektionen und exzellente Produktqualität „Made in Germany" aus. Dazu kommt individueller Service in Form von kompetenter Beratung und persönlicher Betreuung, sowie eine schnelle Lieferung – diese Stärken wissen Hoteliers, Gastronomen und Küchen-Profis in mehr als 100 Ländern zu schätzen.

ZWIESEL KRISTALLGLAS steht für 140 Jahre Glasmacherkunst aus dem Bayrischen Wald und ist weltweit die Nummer eins in der Spitzengastronomie und Hotellerie. Gemeinsam mit Gastronomen, Sommeliers und renommierten Designern entstehen in Zwiesel neue Glaskollektionen für jeden Anlass. In über 120 Ländern schätzen Profis aller Couleur die Kollektionen für Bar, Wein, Hot Drinks und Living. Auch wir in Berlin arbeiten bei Veranstaltungen und Verkostungen mit den wunderbar gestalteten Gläsern aus Zwiesel. Seit vielen Jahren engagieren sich die kreativen Glasmacher mit einem nachhaltigen und zertifizierten Produktionsprozess auch in Sachen Umweltschutz. Ein unterstützenswertes Konzept.

RALF BOS dürfte wohl der bekannteste Mann in der Gastronomieszene Deutschlands sein. Da kann man schon Mal in Superlativen schreiben: Kaiser der Delikatessen, Papst der Trüffelanbeter und Herrscher über ein weitreichendes Handelsimperium. In seinem Feinkosthandel gibt es wunderbarerweise nichts, was es nicht gibt und die Köche und Kochfans der Nation wissen das zu schätzen. Auch wenn sein Regierungssitz über die gehobene Gastronomie weit im Westen der Republik liegt, ist der gelernte Koch in Berlin gern gesehener Botschafter des guten Geschmacks. Als aufmerksamer Beobachter der Berliner Foodszene holt er sich in der Hauptstadt immer wieder Inspiration und liefert seinerseits umfangreiches Know-How, beruhigende Kompetenz und Liebe zum Genuss.

Immer häufiger sind Hotellerie und Gastronomie aber auch Unternehmen auf der Suche nach kulinarischen Events. Kreativität und eine perfekte Logistik sind entscheidend, wenn ein temporäres Fine Dining Menü in einer alten Fabrik oder ein Mega-Event auf der grünen Wiese realisiert werden soll. Unsere Freunde von PARTY RENT sind Experten, wenn es um die Planung und Umsetzung von Events geht. Vom Tafelsilber und Dekanter bis zu Haus, Zelt und Heizung machen die Jungs wirklich alles möglich. Der Phantasie sind keine Grenzen gesetzt und es ist immer wieder erstaunlich, wie aus dem Nichts eine lebendige Atmosphäre geschaffen wird.

HAVELLAND EXPRESS Frischdienst
Gottlieb-Dunkel-Straße 20/21
12099 Berlin
Telefon: +49 - 32 00 32 00
www.havelland-express.de

BIOLÜSKE
Drakestraße 50
12205 Berlin
Telefon: +49 - 80 20 20-160
www.biolueske.de

ZWIESEL KRISTALLGLAS
Dr.-Schott-Str. 35
94227 Zwiesel
Telefon: +49 - 99 22-98 0
www.zwiesel-kristallglas.com

BOS FOOD
Grünstraße 24c
40667 Meerbusch
Telefon: +49 - 21 32-139 0
www.bosfood.de

SCHÖNWALD
Rehauer Str. 44-54
95173 Schönwald
Telefon: +49 - 92 87-56-0
www.schoenwald.com

PARTY RENT BERLIN
Buchholzer Str. 54
13156 Berlin
Telefon: +49 - 30-52 13 029-30
www.partyrent.com

Es gibt Läden zum Dahinschmelzen. Der SÜßKRAMDEALER in Friedenau bietet dazu gleich zwei gute Gründe: die wunderbare Einrichtung und das unglaubliche Angebot. Inhaber Martin Hesse hat den ehemaligen Zigarrenladen mit seiner historischen Einrichtung gerettet und ein Paradies für Liebhaber der guten Süßigkeit geschaffen. Durch die Ergänzung mit einem modernen Kaffeehausraum ist ihm die Kombination vom Besten zweier Welten gelungen. Mit vollem Herz und süßer Zunge stellt der Süßkramdealer Martin Hesse höchstpersönlich das Beste was der Markt zu bieten hat, zusammen. Schokolade natürlich in prächtiger Vielfalt und beste Pralinen, handgemachte Karamellen und Konfitüren und der Champagner darf auch nicht fehlen. Im Sommer gerne eisgekühlt!

Authentisch muss es sein! Wenn Carola Doering und Pia Koppelkamm sich in ihrem Feinkostladen BELLWINKEL in Wilmersdorf an den Herd stellen, sind ab 12 Uhr die Töpfe voll mit duftenden Speisen. Dann gibt es Lunch, bis alles aufgegessen ist. Durch viele viele Reisen inspiriert, kochen die beiden Frauen gerne orientalisch und haben auch immer die passenden Zutaten zur Hand und im Verkauf. Authentisch eben. Danach suchen sie auch, wenn sie ausgehen. Küche mit Herz ist ihnen dabei wichtiger als edle Zutaten und schicke Einrichtung.

Der Laden von Andreas Klöckner und Sascha Rimkus ist schwer zu beschreiben. Weil er so einmalig ist. Wenn es ihn nicht gäbe, müsste man ihn dringend erfinden, denn ohne GOLDHAHN & SAMPSON ist das kulinarische Berlin einfach nicht komplett. Um es kurz zu sagen, gibt es hier alles, was das kosmopolitische Feinschmeckerherz begehrt. Eine internationale Auswahl vom Besten und Schönsten, mit Verstand getestet und mit Liebe ausgesucht. Edle Tees und Gewürze in schönsten Verpackungen, ausgesucht guter Wein, sowie Saucen und Konfitüren aus aller Welt. In den Regalen reihen sich die lesenswertesten Kochbücher aneinander und in der selbstverständlich gut ausgestatteten Küche wird obendrein ein umfassendes Kochkursprogramm angeboten. Auf englisch und deutsch. Berliners are loving it!

Mit allen Sinnen geniessen: Das PALAZZO verbindet Fantasie und Genuss, erstklassige Unterhaltung und aussergewöhnliches Essen auf Top-Niveau. Hans-Peter Wodarz ist der Master-Mind hinter diesem kulinarisch wie künstlerisch spannenden Konzept. In Berlin ist er zusammen mit TV- und Sternekoch Kolja Kleeberg Gastgeber einer atemberaubenden Show voller Artistik, Magie und überraschender Menükreationen. Die mit zahlreichen internationalen Künstlern konzipierte Dinner-Show findet im Spiegelpalast am Berliner Hauptbahnhof statt - aber auch in Amsterdam, Hamburg und anderen Städten kann dieses sinnliche Vergnügen live erlebt werden.

Traditionelle Braukunst, authentisches Handwerk und einzigartiger Geschmack: PILSNER URQUELL ist Ursprung und Erfahrung, aber auch Modernität und Authentizität – und das von Anfang an, unverändert bis zum heutigen Tag. Das erste Pils der Welt ist sich seit seiner Erfindung 1842 treu geblieben und hat nichts an seiner Rezeptur oder an seinem Brauverfahren geändert. Was damals innovativ und revolutionär war, gilt heute weltweit als Qualitätsmerkmal und ist ein Markenzeichen für unverfälschten Biergeschmack geworden. Das original Pilsner entfaltet ein besonders mildes, unverwechselbares Aroma aus würzig herbem Saazer Aromahopfen und dezent malziger Karamelsüße. Im Zusammenspiel mit dem eigenen Quellwasser wird daraus ein einzigartiges Geschmackserlebnis und das macht Pilsner Urquell zu einem perfekten kulinarischen Begleiter.

SÜSSKRAMDEALER
Varziner Str. 4
12159 Berlin-Friedenau
Telefon: +49 - 30-85 07 77 97
www.suesskramdealer.de

BELLWINKEL
Güntzelstraße 46
10717 Berlin
Telefon: +49 - 30-86 39 66 86
www.bellwinkel-feinkost.de

GOLDHAHN & SAMPSON
Dunckerstraße 9
10437 Berlin
Telefon: +49 - 30-41 19 83 64
www.goldhahnundsampson.de

PALAZZO PRODUKTIONEN
Grosse Elbstraße 277a
22767 Hamburg
Telefon: +49 - 40 - 853 88 730
www.palazzo.org/

PILSNER URQUELL
Konrad-Adenauer-Ufer 5-7
50668 Köln
Telefon: +49 - 221-12 60 67-0
www.pilsner-urquell.de

REGISTER

RESTAURANTS

3 Schwestern // Mariannenplatz 2, 10997 Kreuzberg // Tel. 600 318 600 // www.3schwestern.de// Seite 64

40seconds // Potsdamer Straße 58, 10785 Tiergarten // www.40seconds.de // Seite 128

Amano Bar // Auguststraße 43, 10119 Mitte // facebook.com/AmanoBar // Seite 90

Bellwinkel // Güntzelstraße 46, 10717 Wilmersdorf // Tel. 86 39 66 86 // www.bellwinkel-feinkost.de // Seite 178

Betz Weinhandel // facebook.com/BetzWeinhandel // Seite 44

Biolüske // Drakestraße 50, 12205 Lichterfelde // Tel. 86 20 09 70 // www.biolueske.de // Seite 179

Buchholz Gutshof Britz // Alt-Britz 81, 12359 Britz // Tel 60 03 46 07 // www.matthias-buchholz.de // Seite 36

Burger de Ville // Tel. 680 739 49 // facebook.com/BurgerDeVille // Seite 154

Cinco // Das Stue Hotel Berlin Tiergarten, Drakestraße 1, 10787 Tiergarten // Tel. 311 722 0 // www.das-stue.com // Seite 52

District Môt // Rosenthaler Straße 62 // 10119 Mitte // Tel. 2008 9284 // www.districtmot.com // Seite 150

Eisbox // Elberfelder Straße 27, 10555 Moabit // www.eisbox.eu // Seite 42

Facil // The Mandala Hotel, Potsdamer Straße 3, 10785 Tiergarten // Tel. 590 05 12 34 // www.facil.de // Seite 16

Fluxbau // Pfuelstraße 5, 10997 Kreuzberg // www.fluxfm.de/fluxbau // Seite 80

Freischwimmer // Vor dem Schlesischen Tor 2a, 10997 Kreuzberg // Tel. 610 743 09 // www.freischwimmer-berlin.de // Seite 72

Frühsammers Restaurant // Flinsberger Platz 8, 14193 Wilmersdorf // Tel. 89 73 86 28 // www.fruehsammers-rastaurant.de // Seite 32

Glass // Uhlandstraße 195, 10623 Charlottenburg // Tel. 547 108 61 // www.glassberlin.de // Seite 146

Goldhahn & Sampson // Dunckerstraße 9, 10437 Prenzlauer Berg // www.goldhahnundsampson.de // Seite 177

Hokey Pokey // Stargarder Straße 73, 10437 Prenzlauer Berg // www.hokey-pokey.de // Seite 158

Hoppetosse // Am Flutgraben, 12435 Treptow // Tel. 695 189 42 // www.clubdervisionare.de // Seite 76

Hugos Restaurant // Budapester Straße 2, 10787 Tiergarten, Tel. 2602-0, www.hugos-restaurant.de, Seite 140

Kaiserdiele // Südwestkorso 62a, 12161 Friedenau // www.kaiserdiele.com // Seite 46

Klunkerkranich // Karl-Marx-Straße 66, 12043 Neukölln // facebook.com/derklunkerkranich // Seite 38

Lorenz Adlon Esszimmer // Hotel Adlon, Unter den Linden 77, 10117 Mitte // Tel. 2261 1960 // lorenz.adlon@kempniski.com // Seite 134

NENI Berlin / Monkey Bar // Budapester Str. 40, 10787 Charlottenburg // Tel. 120 221 200 // www.25hours-hotels.com // Seite 162 + 172

Parioli // Hotel de Rome, Behrenstraße 37, 10117 Mitte // Tel. 460 609 1201 // www.pariolirestaurant.de // Seite 28

Pauly Saal // Auguststraße 11-13, 10117 Mitte // Tel. 33 00 60 70 // www.paulysaal.de // Seite 22

River-Snack // An der Havel zwischen Spandau und Wannsee // Tel. 0178 788 15 53 // riversnack.de // Seite 84

Rosa Canina // Pasteurstraße 32, 10407 Prenzlauer Berg // www.rosacanina.eu // Seite 124

Rutz // Chausseestraße 8, 10115 Mitte // Tel. 24 62 87 60, www.weinbar-rutz.de // Seite 96

Sage // Köpenicker Straße 18 – 20, 10997 Kreuzberg // Tel. 755 49 407-1 // www.sage-restaurant.de // Seite 112

Schmelzwerk // Sarotti-Höfe**,** Mehringdamm 53-57, 10961 Kreuzberg // Tel. 22 01 73 89 // www.kesselhaus-sarottihoefe.de // Seite 58

Speisenklub Neukölln // facebook.com/speisenklubneukoelln // Seite 120

Süßkramdealer // Varziner Straße 4, 12159 Friedenau // Tel. 85 07 77 97 // www.suesskramdealer.de // Seite 176

The Village // Sophie-Charlotten-Straße 49, 14059 Charlottenburg // Tel. 70 22 15 27 // www.thevillage-cafe.de // Seite 160

Vanille & Marille // Hagelberger Straße 1, 10965 Kreuzberg // www.vanille-marille.de // Seite 86

Viniculture // Grolmanstraße 44-45, 10623 Charlottenburg // www.viniculture.de // Seite 126

Vinum Spezialitätenkontor // Danckelmannstraße 29, 14059 Charlottenburg // www.vinumberlin.de // Seite 88

Volt // Paul-Linke-Ufer 21, 10999 Kreuzberg // Tel. 33 84 023 20 // www.restaurant-volt.de // Seite 102

Volta // im Pavillon, Brunnenstraße 73, 13355 Wedding // www.dasvolta.com // Seite 68

Weekend Club // Alexanderstraße 7, 10178 Mitte // www.week-end-berlin.de // Seite 168

Wein & Glas // Prinzregentenstraße 2, 10717 Wilmersdorf // Tel. 235 152 0 // www.weinundglas.com // Seite 170

Weingrün // Gertraudenstraße 10-12, 10178 Mitte // Tel. 20 62 19 00 // www.rotisserie-weingruen.de // Seite 108

Weinladen Schmidt // Kollwitzstraße 50, 10405 Prenzlauer Berg // www.weinladen.com // Seite 160

Yak Chef // Wolfgang Müller // Seite 116

MEXICO CITY
TAXI FARE
NYC TAXI
9H44

BERLIN